Mateusz Borkowski
Zauberer der Geige

Deutsches Polen-Institut

Polnische Profile

Herausgegeben von
Peter Oliver Loew

Band 17

2025

Harrassowitz Verlag · Wiesbaden

Mateusz Borkowski

Zauberer der Geige

Henryk Wieniawski – Leben und Zeit

Aus dem Polnischen von Peter Oliver Loew

2025

Harrassowitz Verlag · Wiesbaden

BOOK INSTITUTE This publication has been supported by the
© POLAND Translation Program

Mit Unterstützung der Henryk-Wieniawski-Musikgesellschaft
(Towarzystwo Muzyczne im. Henryka Wieniawskiego) in Posen/Poznań

Umschlagabbildung: Henryk Wieniawski, Fotografie eines Sankt Peterburger
Ateliers, um 1865. (Polona, Signatur: F.119355/W)

Übersetzung aus dem Polnischen: Peter Oliver Loew

Redaktion: Hans Gregor Njemz

Polnische Originalausgabe: Mateusz Borkowski: *Wieniawski*. Kraków 2022.

Bibliografische Information der Deutschen Nationalbibliothek
Die Deutsche Nationalbibliothek verzeichnet diese Publikation in der Deutschen
Nationalbibliografie; detaillierte bibliografische Daten sind im Internet
über https://dnb.de abrufbar.

Informationen zum Verlagsprogramm finden Sie unter
https://www.harrassowitz-verlag.de
© 2022 by Polskie Wydawnictwo Muzyczne, Kraków, Poland.
Deutsche Übersetzung © Otto Harrassowitz GmbH & Co. KG, Wiesbaden 2025
Kreuzberger Ring 7c–d, 65205 Wiesbaden, produktsicherheit.verlag@harrassowitz.de
Das Werk einschließlich aller seiner Teile ist urheberrechtlich geschützt.
Jede Verwertung außerhalb der engen Grenzen des Urheberrechtsgesetzes ist
ohne Zustimmung des Verlages unzulässig und strafbar. Das gilt insbesondere für
Vervielfältigungen jeder Art, Übersetzungen, Mikroverfilmungen und
für die Einspeicherung in elektronische Systeme.
Gedruckt auf alterungsbeständigem Papier.
Druck und Verarbeitung: Memminger MedienCentrum AG
Printed in Germany

ISSN 2197-6066   ISBN 978-3-447-12300-6
eISSN 2701-8962   eISBN 978-3-447-39614-1

Inhalt

»Henri, der letzte Virtuose der Romantik« 1
Kindheit in der »Stadt der Geiger« 5
Das Zentrum von allem, oder Die Vorzüge der »Stadt des Lichts« 11
Beim Meister und Vater 15
Beschleunigte Reife 19
Die Rivalität der Wunder-Jugendlichen 25
Zwischen Ostsee und Schwarzem Meer: Reisen im Russischen Reich 29
Souvenirs aus Moskau 35
Wien und Krakau: Der Reiz der k.-u.-k.-Monarchie 39
Die Wege eines wandernden Virtuosen 43
Der Paganini des Kontrabasses, eine Bulldogge und Tulpen 51
Verschiedene Erfolge an der Themse 55
Vorbereitungen und Verträge 61
Ironie und Nonchalance an der Newa 65
Capricen für die Geige 69
Die Faust-Mode 75
Konzerturlaube 77
Eine leichte Hand, oder Eine Schwäche für Kurorte 81
Rückkehr und Trennungen 83
American dream: Triumph auf der anderen Seite des Ozeans 85
Brüsseler Pflichten 91
The show must go on: Der Kampf gegen die Zeit 99
Moskauer Coda 109
Ein mächtiges Häuflein: Wieniawski und seine Familie 115
Das Teufelswerkzeug: Worauf Wieniawski spielte 119
Ruhm zu Lebzeiten, Wettbewerbe nach dem Tod 125
Werk und Leben: Kalendarium 131
Ausgewählte Werke 137
Weiterführende Literatur 139
Personenverzeichnis 141

»Henri, der letzte Virtuose der Romantik«

Der letzte Virtuose der Romantik... Mit derlei Worten soll sich Anton Rubinstein über seinen Freund Henryk Wieniawski geäußert haben. Der große russische Pianist, Komponist und Dirigent nannte den verstorbenen Künstler »den letzten Virtuosen des Geigenspiels«.[1] Selbst wenn es im 20. Jahrhundert nicht an großen Virtuosen fehlte, selbst wenn auch heute kein Mangel an ihnen herrscht, so steckt doch in dieser Bemerkung ein Körnchen Wahrheit. Was war denn nun trotz der großen Zahl an Virtuosen im 19. Jahrhundert an Wieniawski so besonders?
Auf der einen Seite sein elementares, ungezügeltes Temperament, seine Neigung, künstlerische Risiken einzugehen, auf der anderen Seite aber Beherrschung und unerhörte Sensibilität gleichermaßen. Dazu kam die Leichtigkeit, mit der er einen Kontakt zum Publikum herstellte, und sein unzweifelhaftes Bühnentalent. Doch das sind nur Worte. Als Geiger wurde er fast sein ganzes Leben lang mit jemandem verglichen, mal mit französischen, mal mit deutschen Instrumentalisten, meistens aber wurde er als Nachfolger des dämonischen Paganini dargestellt. Wieniawski – der Geigerfürst, dem zahlreiche Karikaturen gewidmet waren, der »König der G-Saite«, der Zauberer auf der Violine. Unaufhörlich in Eile, pausenlos auf Reisen – unterwegs auf einer ewigen Wanderschaft der Konzerte. Wer war er? Sicherlich ein hervorragender Erzähler von Schnurren, eine ihres Werts bewusste weltweite Berühmtheit, aber auch eine Person, die ihre Genialität durch Nervosität abreagierte. »Er war ein begeisternder Gesprächspartner, er sagte immer etwas, was Gelächter auslöste, immer war er voller Wortspiele und Anekdoten« – so erinnerte sich der ungarische Geiger Leopold Auer in seinen Erinnerungen *My Long Life in Music* an seinen Freund.[2] Wenn man sich die handgeschriebenen musikalischen

---

1 József Reiss: Wieniawski, Kraków 1985, S. 91.
2 Leopold Auer: My Long Life in Music, New York 1923, S. 41. Vgl. Edmund Grabkowski: Życiorys Henryka Wieniawskiego, www.wieniawski.pl/zyciorys_henryka_wieniawskiego_czesc_2.html (Abruf: 20.6.2022).

»Henri, der letzte Virtuose der Romantik«

Widmungen Wieniawskis betrachtet, so fallen die schöne, außerordentlich sorgfältig kalligraphierte Schrift und das ästhetische Gefühl auf. Hans Engel schrieb 1932 in seinem Buch *Das Instrumentalkonzert*:

> Wieniawski ist nicht eigentlich eine schöpferische Natur, wohl aber eine musikantische. Seine Musik birgt – wie die Virtuosenmusik in Paris zur Zeit Chopins und Liszts – bei all ihren offensichtlichen Übertreibungen an Sentimentalität doch viele Schönheiten, vornehmlich melodisch-sinnlicher Art.[3]

Paradoxerweise steckt in dieser – wie immer man es auch wendet – ungerechten, ein wenig provokanten, aber auch zur Diskussion ermunternden Einschätzung etwas Wahres. Wieniawski war kein professioneller Komponist im heutigen Sinn des Wortes. Wie es sich für einen Virtuosen gehörte, war er lediglich für seinen eigenen Bedarf schöpferisch tätig, und das Komponieren war nur ein kleiner Ausschnitt aus einem intensiven Wirken. Vor allem war er Künstler, und zwar konzertierender Künstler. Nach Konzerten und Auftritten vor Publikum lechzte er wie nach Luft und Wasser. Man könnte sogar sagen, dass er süchtig danach war, noch mehr als nach dem Glücksspiel, bei dem er in den rheinischen Kurorten ein Vermögen verlor. Er wurde in Russland und Holland bewundert, in England und in den Vereinigten Staaten aufs Höchste bejubelt, von seinen Landsleuten sehnsüchtig erwartet – aber zuweilen auch von französischen Kritikern belästigt. Ein musikalischer Weltenbummler, der seine Kraft aus Live-Auftritten schöpfte. Das Adrenalin, das er dabei ausschüttete, war geradezu Teil seiner DNA. Kein anderer Virtuose seiner Zeit reiste so viel durch die ganze Welt. Der unbändige Drang zum Konzertieren, der stärker als alles andere war, hielt ihn am Leben, und als er trotz wachsender Körperfülle und von Krankheiten geschwächt immer noch auftreten wollte, so tat er dies im Sitzen.

»Das aufführende Genie bringt neue Gedanken und Mittel in die Komposition, die ihm ganz allein zu eigen sind. Die Natur alleine hat jedem Talent einen besonderen Zug verliehen. Sein Ursprung ist das Gefühl, in dem sich der individuelle Charakter eines jeden Menschen zeigt. Nur das

---

3 Hans Engel: Das Instrumentalkonzert. Eine musikgeschichtliche Darstellung. Band II. Von 1800 bis zur Gegenwart, Wiesbaden 1974, S. 284.

Mittelmaß ähnelt etwas anderem – wahres Talent nie«, hat Pierre Baillot in seiner *L'Art du violon* geschrieben.[4] Wieniawski war niemals durchschnittlich, jedenfalls mit Sicherheit nicht beim Musizieren, Unterrichten und Komponieren. Und auch nicht beim Künstler-Sein.

Es ist deshalb verwunderlich, dass jemand, der die berühmte *Legende* geschrieben hat und selbst Protagonist, ja zuweilen sogar Mitschöpfer von Legenden war, die über ihn im Umlauf waren, nie zum Gegenstand eines Spielfilms geworden ist. Denn wenn man seine schillernde Biographie und die vielen Wirrungen seines Lebens kennenlernt, so wird rasch klar: Wieniawskis Leben wäre ein perfektes Drehbuch für einen guten und atemberaubenden Streifen, wobei man nur entscheiden müsste, ob es ein Abenteuerfilm, ein Action-Film oder ein Melodrama werden soll.

---

4   Renata Suchowiejko: Henryk Wieniawski – między wykonawstwem a komponowaniem. Wprowadzenie. In: Andrzej Jazdon: Henryk Wieniawski. Katalog tematyczny dzieł / Henryk Wieniawski. Thematic catalogue of works, Poznań 2009 [der Band ist erschienen im Rahmen der Notenausgabe Henryk Wieniawski: Dzieła Wszystkie / Complete Works. Seria B]; das Zitat von Pierre Baillot (L'Art du violon, 1834) auf S. 261.

Kindheit in der »Stadt der Geiger«

Über Henryk Wieniawskis jüdische Herkunft wird kaum und eher andeutungsweise gesprochen, weshalb sie einiger Aufklärung bedarf, schon alleine wegen seines ganz und gar polnisch klingenden Nachnamens. Henryks Vater stammte aus Wieniawa, einer kleinen Ortschaft, die einst eine in privatem Besitz befindliche Vorstadt von Lublin war. Heute ist Wieniawa ein Stadtteil Lublins, aber damals war es ein jüdisches Schtetl, in dem einfache Handwerker und Kaufleute wohnten, ganz so wie in dem fiktiven Anatevka im Russland der Zaren, wo sich die Handlung des berühmten Musicals *Fiddler on the Roof* abspielt. Tadeusz Wieniawski (1798–1884), der als Wolf Helman auf die Welt kam, war der Sohn des Baders Herszek Helman und von Gitla, einer geborenen Kielmanowicz. Er wollte Beamter werden, doch aufgrund seiner Religion musste er seine Lebenspläne überdenken, was ihm sicherlich nicht zum Nachteil gereichte. Also begann er an der Universität Warschau ein Studium der Philosophie und Medizin, und zwar mit seinem neu gewählten Vornamen Tadeusz und einem Nachnamen, den er von seinem Heimatort ableitete. Er schloss das Studium als Magister der Medizin, Chirurgie, Geburtshilfe und Philosophie ab. Nach dem Studium eröffnete er in Warschau eine Arztpraxis, die er später nach Lublin verlegte. 1828 ließ er sich in der Kathedrale von Lublin taufen. Tadeusz Wieniawski machte sich während des Novemberaufstands von 1830/1831 um Lublin verdient, als er als Stabsarzt im 4. Infanterieregiment diente. Nach dem Aufstand hielt er sich eine Zeitlang im preußischen Exil auf, kehrte aber 1833 nach Lublin zurück und öffnete seine Praxis erneut. Ein Jahr später kaufte er ein Haus am altstädtischen Markt, das die Hausnummer 17 trug.
Henryks Mutter führte den Vornamen Regina (1811–1834). Sie war die Tochter des gefragten Warschauer Arztes und Musikliebhabers Józef Wolff und der Amateurpianistin Eleonora, einer geborenen Oestreicher. Ihre Brüder waren der Pianist und Komponist Edward Wolff (1816–1880), der sich in Paris niederließ und dort mit Chopin befreundet war,

Kindheit in der »Stadt der Geiger«

Abb. 1: Adam Piliński: Ansicht von Lublin, 1838
(Polona/Biblioteka Narodowa, Signatur G.27563/I)

sowie Bolesław Maurycy Wolff (1825–1883), ein in Sankt Petersburg bekannter Buchhändler, Verleger und Druckereibesitzer, der auch »Zar des russischen Buches« genannt wurde. Regina heiratete Tadeusz gegen den Willen ihre Eltern und wurde seine zweite Frau. Aus der Trauurkunde geht hervor, dass die Braut einen Tag vor der Heirat vom mosaischen zum katholischen Glauben konvertiert war und sich hatte taufen lassen. Die Hochzeit fand am 18. April 1833 in der Pfarrei St. Johannes in Warschau statt.

Die Wieniawskis hatten vier Söhne, wenn man Adam, Kajetan und Konrad nicht mitzählt, die im Säuglingsalter verstorben waren. Julian war Schriftsteller und Landwirt, dann kam Henryk und schließlich folgten die Zwillinge Józef – Pianist und Gründer der Warschauer Musikgesellschaft (Warszawskie Towarzystwo Muzyczne) – und Aleksander, der eine Karriere als Sänger aufgab, um Beamter zu werden. Tadeusz hatte noch

Kindheit in der »Stadt der Geiger«

einen Sohn aus seiner ersten Ehe mit Ewa Feder, seinen ältesten Spross Tadeusz Józef, der in die Fußstapfen des Vaters trat und Arzt wurde.
Henryk kam am 10. Juli 1835 in Lublin zur Welt. Die Taufe fand erst zwei Jahre später, am 28. Mai 1837, im Haus der Wieniawskis statt. Das Sakrament wurde dabei »aus dem Wasser« *(ex aqua)* erteilt, was ausschließlich in besonderen Fällen vorkam, wenn das Leben des Kindes bedroht war.
Die Atmosphäre des Elternhauses hat Henryks Bruder Julian im ersten Band seiner Erinnerungen beschrieben, und zwar unter dem Pseudonym Jordan. Seinem Bericht ist zu entnehmen, dass der Vater ein seltener Gast zu Hause war und die Erziehung der Jungen ganz auf der Mutter lastete. »Verliebt in die Musik und selbst höchst musikalisch, verstand sie es, in uns ein Gefühl für die Schönheit dieser allerschönsten und allerdankbarsten aller Künste zu erwecken.«[1] Regina, die selbst an einem Pariser Konservatorium Unterricht genommen hatte, gab ihren Kindern die ersten Musikstunden und tat dies – wie Julian sich erinnert – mit engelsgleicher Geduld. Das Lubliner Haus war durch ihr Zutun ein wahrer Musiksalon, wo sie jede Woche so genannte »musikalische Abende« veranstaltete. Dabei musizierten nicht nur die Bewohner des Hauses, sondern auch Künstler, die zu Gastkonzerten in die Stadt kamen. Reginas Salon wurde unter anderem von dem bekannten Geiger ungarischer Herkunft Miska Hauser aufgesucht, dessen Spiel der kleine Henryk gehört haben soll. Der Junge trat also nicht in die Fußstapfen seiner Mutter und seines Onkels, anders als sein zwei Jahre jüngerer Bruder Józef, sondern wählte die Violine.
An dieser Stelle sei bemerkt, dass sich Lublin, damals im russischen Teilungsgebiet gelegen, einiger ausgezeichneter Geiger rühmen konnte, darunter Antoni Fleming, Franciszek Graf Suchodolski (später ein Schüler Baillots) und der Komponist und Violinist Grzegorz Puchalski. Józef Reiss, der Autor einer Wieniawski-Biographie, schreibt sogar von einer »Stadt der Geiger«.[2] Etwas ist da schon dran, denn anscheinend war Lublin, das in den 1830er Jahren knapp 14 000 Einwohner zählte, trotz der

1 Jordan [Julian Wieniawski]: Kartki z mego pamiętnika, 2 Bde., Warszawa, Kraków [1911], Bd. 1, S. 7.
2 Reiss, Wieniawski, passim [Zitate aus den unveröffentlichten Erinnerungen von Izabela Hampton-Wieniawska sowie aus Kritiken der polnischen Presse].

Kindheit in der »Stadt der Geiger«

Stimmung nach dem Novemberaufstand von 1830/31 ein gutes Pflaster für die Musikkultur. Musik war im Stadtpark zu hören, in der Kathedrale gab es ein Orchester, und auch das 1822 errichtete Stadttheater (heute Teatr Stary, »Altes Theater«), besaß ein eigenes Ensemble. Das Towarzystwo Filharmoniczne (Philharmonische Gesellschaft) veranstaltete ebenfalls verschiedenerlei Konzerte.

Mit dem Violinunterricht begann Henryk 1840 im Alter von fünf Jahren – im Todesjahr Paganinis. Seine ersten Schritte machte er beim Lubliner Geiger Jan Hornziel, einem Schüler von Fleming und Louis Spohr. Doch schon 1841 wurde Hornziel ins Orchester des Teatr Wielki (Großes Theater) in Warschau aufgenommen und zog dorthin. Der Junge kam nun in die künstlerische Obhut des gleichfalls aus Lublin gebürtigen Stanisław Serwaczyński. Dieser war ebenfalls bei Spohr in die Schule gegangen, war in seiner Karriere unter anderem Konzertmeister im Teatr Wielki gewesen und hatte sich in den 1830er Jahren in Ungarn aufgehalten, wo er Konzertmeister und Dirigent am Theater von Pest war. Interessanterweise war 1836 kein anderer als der damals fünfjährige Joseph Joachim sein Schüler, der künftige Virtuose und gute Bekannte von Wieniawski. Grundlage für Serwaczyńskis pädagogische Arbeit war die 1803 in Paris erschienene berühmte Geigenschule *Méthode de violon*, deren Autoren drei bedeutende Virtuosen, Komponisten und Lehrer am Konservatorium waren: Pierre Baillot, Pierre Rode und Rodolphe Kreutzer. Dieses Fundament der französisch-belgischen Schule wurde als *Metoda na skrzypce* 1821 auf Polnisch in Wilna herausgegeben. Einen ebenso wichtigen Einfluss auf den Unterricht hatte der von Serwaczyński übernommene Stil von Karol Lipiński, dessen Traditionen er an Henryk weitergab. Dabei handelte es sich hauptsächlich darum, den Bogen mit gestreckten Fingern zu halten, was ein Charakteristikum der russischen Geigenschule war. Sowohl Wieniawski als auch Joachim erinnerten sich übrigens später daran, dass ihr Lehrer mehr Wert darauf legte, den Bogen richtig zu führen und mit ihm einen vollen Ton zu erzeugen, als die Technik der linken Hand zu entwickeln. Unter Serwaczyńskis Auge kam unser junger Geiger nicht nur mit den im französischen Lehrbuch enthaltenen Werken und Fingerübungen hervorragend zurecht, sondern er beteiligte sich auch aktiv am häuslichen Musizieren, indem er Quartette von Mozart und Haydn spielte. Seinen ersten öffentlichen Auftritt hatte er im Alter von sieben

Jahren. Er spielte damals die Violinstimme in einem Quartett von Tobias Haslinger. Eine kurze Weile lang hatte Henryk auch Kontakt zu einem konzertierenden Geiger, dem ebenfalls aus Lublin kommenden Antoni Parys, doch konnte das kaum einen großen Einfluss auf seine Erziehung haben. Der Fortschritt des Kindes rief überall Erstaunen hervor und war so unwahrscheinlich, dass sein Vater beschloss, Meinungen »von außen« einzuholen und zu fragen, was er mit seinem Sohn weiter machen solle. Er tat dies bei dem deutschen Geiger und Pädagogen Heinrich Panofke, der sich gerade in Warschau aufhielt. Dieser empfahl, nachdem er das Spiel des Knaben gehört hatte, diesen unverzüglich auf das Konservatorium zu schicken. Er schlug Prag oder Leipzig vor, vor allem aber Paris. Wie Julian Wieniawski berichtet, soll er etwas gesagt haben, was die Zukunft des kleinen Henryks beeinflussen würde: «*Il va faire sonner son nom!*» – »Er wird seinen Namen berühmt machen.«[3]

Also wurde ernsthaft Für und Wider erörtert, doch schließlich legte man sich auf Paris und die beste aller möglichen Schulen fest, nämlich das seit 1795 existierende Conservatoire de musique, in dem der Unterricht von Anfang an unentgeltlich stattfand. Doch nicht das Geld war dabei das Entscheidende. Nicht ohne Bedeutung war nämlich die Tatsache, dass hier auch die besten Lehrer arbeiteten. Und hier lebte außerdem der Bruder von Henryks Mutter Regina, der vorhin erwähnte Edward Wolff, der sich in Paris bereits eine gute Stellung erarbeitet hatte. Er trat nicht nur als Pianist in Privatsalons auf, sondern auch in den Konzertsälen von Erard und Pleyel. Als »guter Onkel« war er bereit, sich um seine Neffen zu kümmern, zunächst um Henryk und dann auch um Józef, den er aufgrund seines pianistischen Talents unter seine Fittiche nahm. Damit waren die Würfel gefallen und der Achtjährige wurde in die französische Hauptstadt geschickt.

---

3 Jordan, Kartki, S. 9.

Das Zentrum von allem, oder
Die Vorzüge der »Stadt des Lichts«

Paris war in jener Zeit schon ein wahres Mekka der Künstler, in das Vertreter aller Bereiche der Kunst pilgerten. Mit Sicherheit war es in diesem Teil Europas die unbestrittene Hauptstadt der Musik. In der »Stadt des Lichts« ließ der begeistert empfangene Gioacchino Rossini seine Opern aufführen, Giacomo Meyerbeer und Gaetano Donizetti feierten Erfolge, und auch Richard Wagner versuchte hier sein Glück. Die europäische Hauptstadt war Ziel häufiger Konzertreisen von Niccolò Paganini. Zudem war sie der wichtigste und beliebteste Ort der polnischen Emigration. Chopin, der fast die Hälfte seines Lebens in Paris verbrachte, war im Herbst 1831 eingetroffen und in den Kreis der bedeutendsten Künstler der Epoche aufgenommen worden, von denen er sich mit Franz Liszt, Hector Berlioz oder auch Heinrich Heine anfreundete. Mit dem polnischen Nationaldichter Adam Mickiewicz traf er hier ebenfalls zusammen. Die violinistischen Traditionen waren an der Seine vielfältig und stark verwurzelt. 1626 hatte Ludwig XIII. ein aus 24 Musikern bestehendes königliches Streicherensemble gegründet – *Les Vingt-quatre Violons du Roi* –, das bis 1761 bestand. Mitglied dieses Ensembles war der berühmte Jean-Baptiste Lully, dem Ludwig XIV. 1656 die Gründung eines eigenen Streicherensembles anvertraute, *Les Petits Violons*. Wie zu sehen ist – die Geige war dort schon lange beliebt.
Als Henryk Wieniawski nach Paris kam, war die Erinnerung an einen italienischen Virtuosen noch wach, der um die Jahrhundertwende hier gewirkt hatte: der große Giovanni Battista Viotti, Lehrer von Baillot und Rode, aber auch eine wichtige Bezugsperson für Kreutzer. Viotti war somit der musikalische Vater dieser großen Drei, denen die französische Violinschule ihr Entstehen verdankte. Zwar hatte Wieniawski keine Gelegenheit, die Meister kennenzulernen, deren Methoden sein Metier prägten – der letzte der großen Pädagogen, Baillot, war im September 1842 gestorben, ein Jahr vor Henryks Eintreffen in Paris –, doch im Konser-

vatorium unterrichteten immer noch ihre Schüler. Dank ihnen herrschte in der Lehranstalt trotz sich wandelnder Moden nach wie vor ihr Geist. Um sich klar zu machen, wohin Wieniawski nun gelangte, sollen zumindest einige Namen von Instrumentallehrern genannt werden, die seinerzeit dort wirkten. Geleitet wurde das Konservatorium vom Komponisten Daniel-François-Esprit Auber, der als Direktor Luigi Cherubini nachgefolgt war und mehr als 50 Opern schrieb, darunter *Die Stumme von Portici* und *Fra Diavolo*. Lehrer in der Geigenklasse waren François-Antoine Habeneck – ein Schüler von Baillot, der gleichzeitig auch dirigierte – sowie dessen Schüler Jean-Delphin Alard, der später Pablo de Sarasate unterrichten sollte. Klavier unterrichtete unter anderem Henryks Onkel Edward Wolff und Komposition neben Auber auch Jacques Fromental Halévy, der Komponist der berühmten Oper *La Juive*.

Henryk reiste mit seinem Stiefbruder Tadeusz nach Paris, der hier in einem Krankenhaus ein ärztliches Praktikum absolvieren sollte, sowie mit seiner Mutter, die ja vor vielen Jahren selbst an der Seine Musik studiert hatte. Es ist anzunehmen, dass der Anblick der Millionenmetropole für das achtjährige Kind ein Schock gewesen sein muss, war es doch bislang an den Rhythmus des provinziellen Lublin gewöhnt gewesen. Doch rasch machte sich Henryk mit der Energie der Stadt vertraut. Seine Mutter brachte ihn zur Pension bei einer französischen Familie unter, bei den Voislins in der Rue Bergère im 9. Arrondissement. In die Schule hatte er es also nicht weit, denn an der Ecke zur Rue du Faubourg-Poissonnière befand sich damals mit der Hausnummer 15 das Konservatorium. À propos Frau Voislin – aus den Berichten seines Bruders Julian, der sie »eine wahre Xanthippe« nannte, wissen wir, dass der Junge es in seiner Pension nicht leicht hatte: Zu seinem täglich Brot gehörte es, Kohle aus dem Keller in den dritten Stock zu holen, Wasser in die Küche zu bringen oder selbst seine Kleidung und Schuhe zu reinigen.

Es war aus rein formalen Gründen nicht einfach, mit dem Unterricht am Konservatorium zu beginnen. Die Teilnahme an der Aufnahmeprüfung drohte am Alter des Kandidaten und an seiner Nationalität zu scheitern. Die Statuten der Lehranstalt erklärten ausdrücklich, dass nur Schüler aufgenommen werden konnten, die das zwölfte Lebensjahr vollendet hatten und die französische Staatsangehörigkeit besaßen. Aus diesem zwei-

ten Grund war seinerzeit auch der damals zwölfjährige Liszt hier nicht zum Studium angenommen worden.
Für Henryk setzte sich nicht nur sein Onkel Wolff ein, sondern auch Professor Lambert-Joseph Massart, bei dem der Knabe Unterricht haben sollte. Sogar die russische Botschaft in Paris intervenierte und bat im Innenministerium darum, den Fremden ausnahmsweise aufzunehmen. Infolge der zahlreichen Bemühungen wurde ein besonderes ministeriales Dekret erlassen, das die Aufnahme des Polen ermöglichte, der nun auch in den Genuss eines Stipendiums des russischen Zarenhofes gelangte. Die diplomatischen Anstrengungen führten also dazu, dass Henryk die Prüfung ablegen konnte. Und so wurde er am 28. November 1843 in die Klasse eines neuen Pädagogen aufgenommen, des damals 32-jährigen Massart. Der Junge Wieniawski kam jedoch nicht sofort zu ihm, sondern zunächst zu einem anderen Kreutzer-Schüler, Joseph Clavel, bei dem er ein Jahr in einer Vorbereitungsklasse verbrachte.
Zum ersten Mal konnte das Pariser Publikum das Spiel des »kleinen Polen«, *le petit Polonais* – wie der Junge liebevoll genannt wurde – am 27. April 1844 im kleinen Salon von Madame Érard hören. Er trat hier bei einer Matinee auf, bei der Geld gesammelt wurde, um dem zehnjährigen Geiger Jean Lorens die Fortsetzung des Unterrichts zu ermöglichen. Wieniawski führte zusammen mit dem fünf Jahre älteren Léon Reynier Kreutzers *Sinfonie concertante* auf und spielte außerdem im *Allegro* von Haydns *Streichquartett Nr. 38* die Bratsche. Der Auftritt muss erfolgreich gewesen sein, denn schon am 2. Dezember 1844 wechselte Henryk auf besonderen Wunsch Massarts in seine Sonderklasse.

Beim Meister und Vater

Lambert-Joseph Massart war in Lüttich zur Welt gekommen. Er muss die Lage des jungen Polen verstanden haben, denn er selbst hatte es trotz eines belgischen Stipendiums in Paris auch nicht leicht gehabt, und zwar ebenfalls wegen seiner Staatsangehörigkeit, die seine Aufnahme ins Konservatorium erschwerte. Vor diesem Hintergrund wundert es also nicht, dass er sich dafür einsetzte, Henryk Wieniawski als Schüler zu gewinnen. Neben Geige studierte er Kontrapunkt bei François-Joseph Fétis, dem Gründer des ersten musikalischen Wochenblatts in Frankreich, LA REVUE MUSICALE (das 1835 mit der GAZETTE MUSICALE DE PARIS zusammengelegt wurde), und späteren Direktor des Brüsseler Konservatoriums. Massart war übrigens Lieblingsschüler und Protegé von Kreutzer gewesen. Angeblich ließ er nicht einen Auftritt Paganinis in Paris aus. Zweifellos hatte die Expressivität des Meisters aus Genua einen deutlichen Einfluss auf ihn gehabt. Er war ein hervorragender Virtuose und Kammermusiker und trat unter anderem zusammen mit Liszt auf. Wieniawski war sein erster Schüler. Im Laufe seiner 47 Jahre währenden Unterrichtstätigkeit gehörten zu seinen Schützlingen Teresina Tua aus Italien, Léon Reynier aus Frankreich, Alfred De Sève aus Kanada, Izydor Lotto aus Polen, František Ondříček aus Böhmen und der in Österreich geborene Fritz Kreisler.
Seine Methode war eine Synthese aus Corelli, Tartini und Viotti mit den Neuerungen von Paganini, aber auch mit Elementen des belgischen Geigers Charles-Auguste de Bériot. Und natürlich kam die Technik seines Meisters Kreutzer dazu, für den er sich mit Hingabe einsetzte so wie es sich für einen Vertreter der französisch-belgischen Schule gehörte. Was für ein Lehrer er war, zeigt sich gut in einer Anekdote von seinem ersten Treffen mit Wieniawski. Massart ließ es auf ein kleines Experiment ankommen und trug dem Jungen auf, Kreutzers *Violinkonzert* einzustudieren und es zwei Wochen später zu präsentieren. Auf Zuraten des Professors lernte Henryk das Werk ausschließlich aus den Noten, ohne die

Beim Meister und Vater

Abb. 2: Lambert-Joseph Massart mit seinem berühmten Schüler, 1844
(Archiv der Henryk-Wieniawski-Musikgesellschaft, Posen)

Geige zur Hand zu nehmen. Das Experiment scheint für den jungen Geigenschüler gut ausgegangen zu sein.
In der Sonderklasse arbeitete Wieniawski, so wie auch die anderen Schüler, mit der »Geigerbibel«, wie der Lehrer Kreutzers *Capricen* nannte. Massart veränderte nicht nur die Haltung der rechten Hand, sondern machte den Jungen auch mit der Kunst des Vibratospiels vertraut. Fritz Kreisler erinnerte sich ebenfalls an diesen Aspekt der Arbeit bei seinem Meister: »Massart legte Gewicht auf Ausdruck und Gefühl und nicht auf Technik. [...] Ich glaube, daß Massart mich deshalb gern mochte, weil ich in der Art von Wieniawski spielte. Wieniawski intensivierte bekannt-

lich das Vibrato und brachte es zu einer vorher nie erreichten Höhe, so daß es als ›französisches Vibrato‹ zum Begriff wurde.«[1]

Lustig ist auch eine Anekdote, die später kein geringerer als Berlioz erzählte. Eines Tages, als er mit Massart nach dem Ende des Unterrichts zurückkehrte, soll der resolute Henryk seinen Geigenkasten in eine Pfütze geworfen haben. Dem konsternierten Professor erläuterte er: »Ich befeuchte meine Violine, damit sie nicht so trockene Töne produziert, für die Sie mich unaufhörlich tadeln.«

Dieses Ereignis weist auf die Beziehung hin, die zwischen dem jungen Geiger und seinem Lehrer bestanden haben muss. Julian Wieniawski erinnert sich, dass Massart nicht nur ein hervorragender Pädagoge war, der es seinem Bruder ermöglichte, seine Schwingen zu entfalten, sondern dass er ihn auch mit geradezu väterlicher Fürsorge umhegt habe. Diese gegenseitige Sympathie führte zu einer harmonischen Zusammenarbeit und zeitigte wunderbare Folgen. Ein Beleg hierfür ist eine Notiz im Tagebuch von Aubert, dem Direktor des Konservatoriums: »In der Sonderklasse für Geige von Massart […] gibt der junge Wieniawski im Alter von 10 Jahren und 4 Monaten zu den schönsten Hoffnungen Anlass«.[2]

Nicht verwunderlich, dass Wieniawski Mitte des folgenden Jahres die Aufgabe erhielt, das höchst schwierige, virtuose *Violinkonzert Nr. 17 d-Moll* von Viotti einzustudieren. Dieses Werk war ein Wettbewerbsstück für das Abschlussexamen am Ende des Konservatoriums. Am selben Konzert versuchte sich Henryks älterer Freund und Korrepetitor Eugène Champenois, was ihn zum Wettstreit anregte. Im Vergleich zu seinem Kollegen zeichnete sich Henryks Interpretation durch größere Reife und Tiefgang aus. Massart, der – wie wir schon wissen – unkonventionelle Methoden mochte, beschloss deshalb, ihn zu dem Wettbewerb für das Abschlussexamen anzumelden. Daran nahmen zwölf Geiger aus den Klassen dreier Lehrer teil, in einem Alter von 16 bis 21 Jahren. Henryk war 11 Jahre alt… Und wieder hatte Massart einen guten Riecher. Henryks Aufführung von Viottis Konzert brachte dem Polen den höchsten Preis ein, den *Premier prix*. Damit beendete er das Konservatorium als jüngster Preisträger der Geigenklasse.

1 Louis P. Lochner: Fritz Kreisler. Wien 1957, S. 26 f.
2 Wieniawski, hrsg. v. Władysław Dulęba, Kraków 1974, S. 25.

Die Preisübergabe und das Preisträgerkonzert fanden am 6. Dezember 1846 statt. Henryk spielte Rodes *Violinkonzert Nr. 7* unter der Leitung von Habeneck. Im letzten Augenblick schaffte es auch die Mutter des Absolventen, aus Polen anzureisen. Sie hatte ihren Sohn seit drei Jahren nicht gesehen. Zusammen mit Regina kam ihr jüngerer Sohn Józef nach Paris.

Nach der formal beendeten Ausbildung perfektionierte Henryk sein Violinspiel noch privat, weiterhin unter Anleitung von Massart. Aus Dankbarkeit für diese Lehrjahre widmete er seinem Lehrer eine seiner ersten Kompositionen, den 1847 geschriebenen *Grand Caprice fantastique* für Geige und Klavier E-Dur, der einige Jahre später in Paris als Opus 1 erschien.

Beschleunigte Reife

Nach dem Eintreffen der Mutter und des Bruders zogen die drei zusammen. Regina organisierte – so wie schon in Lublin – in ihrem bescheidenen Salon Kammerkonzerte. Während dieser Abende lauschte kein Geringerer als Polens Nationaldichter Adam Mickiewicz, der im Pariser Exil lebte, dem Spiel der beiden Brüder. À propos Józef – er wurde 1847 in die Klavierklasse des Konservatoriums aufgenommen. Die ersten Lehrer des talentierten Pianisten waren hier Pierre-Joseph Zimmermann und Antoine-François Marmontel; Solfège hatte er bei Charles-Valentin Alkan. So wie sein Bruder schloss er die Lehranstalt mit der höchsten Auszeichnung ab. Später setzte er seine Studien bei Edward Wolff fort.
Am 30. Januar 1848 trat Henryk Wieniawski in der Salle Sax zum ersten Mal gemeinsam mit seinem Bruder und seinem Onkel auf. Dieses »Familienkonzert« war zugleich der vorübergehende Abschied des jungen Geigers von Paris. Der Auftritt wurde sowohl in der polnischen Exilpresse als auch im französischen JOURNAL DES DÉBATS gerühmt.
Aber warum verließ Henryk nun die »Stadt des Lichts«? Als Stipendiat des Zarenhofs musste er gewissermaßen seine Schuld »zurückzahlen« und Dankbarkeit zeigen. Und das konnte er nur auf eine Weise – indem er in Sankt Petersburg Konzerte gab. Im Frühling traf er also gemeinsam mit seiner Mutter in der Hauptstadt des Vielvölkerreiches ein. Die auch »Paris des Nordens« genannte Stadt war damals eines der wichtigsten Musikzentren Europas. An der Newa konzertierten unter anderem Franz Liszt, Clara Wieck, Maria Szymanowska und Henri Vieuxtemps. Ein Auftritt hier war deshalb für Wieniawski von Bedeutung, denn er barg die Möglichkeit, ihm den Weg zur Fortsetzung seiner Karriere in diesem Teil Europas zu bahnen.
Anfangs übernahm Henryks Stiefbruder Tadeusz die Rolle eines informellen Impresarios, oder modern gesprochen eines Managers. Er musste sich um den Saal kümmern, für Reklame sorgen und sich auch bei Kritikern dafür einsetzen, dass sie das Konzert besuchten. Die gemeinsame

Beschleunigte Reife

Abb. 3: Henryk Wieniawski 1848 in Sankt Petersburg. Zeichnung aus der Zeitschrift
ILUSTRACJA, Sankt Petersburg 1848 (Archiv der Henryk-Wieniawski-Gesellschaft)

Anstrengung hatte jedoch Erfolg. Der 13-Jährige gab in Sankt Petersburg insgesamt fünf Konzerte und löste wahre Begeisterungsstürme aus. Das erste fand am 12. April 1848 im Michailowski-Theater statt. Henryk spielte hier Viottis *Violinkonzert Nr. 17*, den zweiten und dritten Satz von Bériots *Violinkonzert Nr. 2* sowie seine eigene, zwei Jahre zuvor in Paris geschriebene *Arie mit Variationen über ein eigenes Thema*. Eine Kritik des Konzerts veröffentlichte der polnische Dirigent und Komponist Wiktor Każyński, der die Petersburger Musikszene ausgezeichnet kannte. Seit 1842 war er Sekretär und musikalischer Berater von General Fürst Alexej Lwow, einem Amateurgeiger, dessen Fürsprache er seinen Posten als Kapellmeister am Alexandrinski-Theater zu verdanken hatte. Er schrieb im polnischsprachigen Wochenblatt TYGODNIK PETERSBURSKI, dass man hier solche Ovationen seit den denkwürdigen Konzerten von Karol Lipiński und Ole Bull nicht mehr erlebt habe. Mehr noch, er führte eine wichtige Äußerung von Vieuxtemps an: »Dieses Kind ist zweifelsohne ein Genie, anders könnte man in seinem Alter nicht mit so einem leidenschaftlichen Gefühl spielen, und außerdem mit solchem Verstand und mit so tief durchdachtem Plan [. .]. Wenn er so weiter gehen wird, wird er uns alle vernichten.«[1]

Am 27. April trat Henryk im Saal der Adelsversammlung auf (dem heutigen Sitz der Petersburger Schostakowitsch-Philharmonie), wo ihn der bekannte russische Pianist Anton Gerke begleitete.

Neben Auftritten in Konzertsälen war Wieniawski auch Gast der Petersburger Aristokratie. Er gab Privatkonzerte in prestigeträchtigen und meinungsbildenden Salons. An seine Erfolge in Sankt Petersburg schlossen sich Auftritte in Helsinki, Reval (heute Tallinn), Riga und anderen Städten des Baltikums an. Ehe er nach Warschau kam, machte er noch Station in Wilna, wo er Stanisław Moniuszko kennenlernte, der hier gerade seine Oper *Halka* erstmals aufgeführt hatte, die später zur polnischen Nationaloper werden sollte. An diese Begegnung erinnert, dass Wieniawski Moniuszko sein in dieser Zeit gemeinsam mit seinem Bruder komponiertes *Allegro de Sonate* op. 2 widmete.

In Warschau, das gerade mit einer Choleraepidemie zu kämpfen hatte, trafen die Brüder gemeinsam mit ihrer Mutter im Oktober 1848 ein. Zweimal traten sie im Teatr Wielki auf. Trotz der ungünstigen Umstände bejubelten wahre Menschenmengen die Konzerte des Geigers. Ein weiteres Reiseziel war Dresden, wo der verdiente Karol Lipiński residierte, damals Konzertmeister der Königlich-sächsischen musikalischen Kapelle. Der einstige Rivale von Paganini nahm Wieniawski nicht nur warmherzig auf, sondern kümmerte sich auch herzlich um den jungen Geiger und seine künstlerische Entwicklung. Der Überlieferung zufolge gab er seinem Landsmann wertvolle Hinweise, die er in Italien von direkten Schülern Tartinis erhalten hatte. Viel Zeit nahmen auch Gespräche über

---

1 Wiktor Każyński: Kilka słów o koncertach dwunasto-letniego Henryka Wieniawskiego w Petersburgu. In: TYGODNIK PETERSBURSKI 23.4.1848, Nr. 30, S. 211–212.

Paganini ein – seinen Stil, sein Charisma und über die unvergleichliche Fingerfertigkeit seiner linken Hand. Hierdurch entdeckte Wieniawski die Geheimnisse des genialen Genuesen und seines Spiels. Während seines fast vier Monate langen Aufenthalts perfektionierte er sowohl seine Geigenkunst als auch seine kompositorischen Kenntnisse. Unter den Augen des Meisters übte er dessen berühmtes *Violinkonzert Nr. 2 D-Dur* op. 21 ein, das den Beinamen »Militärkonzert« trägt. Hier in Dresden entstand höchstwahrscheinlich auch die erste Version seiner eigenen *Polonaise D-Dur* op. 4. Wieniawski verdankte Lipiński zudem die Bekanntschaft mit Liszt, in dessen Gegenwart er in Weimar und Leipzig spielte. Und in Dresden lernte er nicht zuletzt Robert Schumann kennen.

Gegen Ende Dezember 1848 und Anfang Januar 1849 trat er in Breslau auf, wo er einen um elf Jahre älteren Virtuosen kennenlernte, Apolinary Kątski, seinen späteren Rivalen, der als 13-Jähriger Berührung zu Paganini gehabt hatte.

Der Bildungsaufenthalt bei Lipiński regte Wieniawski zu weiterer Entwicklung an. In Kenntnis seiner Schwächen wollte er vor allem seine Kompositionstechnik verbessern. Zu diesem Zweck kehrte er im Frühjahr 1849 nach Paris zurück, wo er gemeinsam mit seinem Bruder das Studium am Konservatorium wiederaufnahm, diesmal im Fach Harmonielehre. Henryk kam in die Klasse von Hippolyte Collet und Józef in jene von Félix le Couppey. Das kurze Studium beendeten die beiden Brüder im Juli 1850 mit dem Wettbewerbsexamen. In dieser Zeit traten sie an angesehenen Orten auf – unter anderem in der Salle Sainte-Cécile, in der Salle Érard, der Salle Sax und der Salle Herz, wo sie auch eigene Werke spielten. Aus dieser Zeit stammt ihre gemeinsame, heute verschollene Komposition *Grand Duo concertant auf Themen aus Donizettis Oper »Lucia di Lammermoor«*, welche die Brüder während eines Konzerts zugunsten der Armen im Saal der Mairie des 11. Arrondissements aufführten. Sie spielten bei dieser Gelegenheit noch ein anderes, von Henryk komponiertes und ebenfalls verschollenes Werk, einen *Ländlichen Mazur*, den er der Großfürstin Helena Pawlowna gewidmet hatte, der Gattin von Großfürst Michail Pawlowitsch. Krönung des Aufenthalts in der »Stadt des Lichts« war, dass die Société phiharmonique den jungen Geiger zum Ehrenmitglied ernannte. Hoch geehrt und mit dem Abschlussdiplom in

der Tasche, waren Henryk und sein Bruder also bereit, die Welt zu erobern. Und »Mütterchen Russland« wartete schon auf sie ...
Am 30. Juli verabschiedete Hector Berlioz, der im April ein Konzert unter Beteiligung Wieniawskis dirigiert hatte, den Polen mit einem Artikel im Journal des débats folgendermaßen:

> Bald werden wir einen der bedeutendsten Schüler verlieren, die das Pariser Konservatorium absolviert haben. Henryk Wieniawski wird nach Russland reisen. Dieser junge Mann, den wir allzu lang als Wunderkind behandelt haben, besitzt heute ein erstrangiges musikalisches Talent, ein ernsthaftes und vollständiges Talent. Daneben komponiert er schöne Werke für sein Instrument, die in niemandes anderer Interpretation als in der ihres Verfassers schön klingen. In Sankt Petersburg wird Wieniawski sicherlich einen Erfolg erzielen, den er verdient. Wir empfehlen ihn der wohlwollenden Obhut des Fürsten Wielhorski und des Generals Lwow, der wahren Protektoren der Musikkunst und großen Künstlern in diesem Paris des Nordens.[2]

2 Journal des débats 30.7.1850.

Die Rivalität der Wunder-Jugendlichen

Das 19. Jahrhundert war nicht nur die Epoche der in Europa konzertierenden Virtuosen, sondern auch der *enfants prodiges*, der Wunderkinder und in manchen Fällen auch der Wundergeschwister. In der Musik war dieses Phänomen schon etwas früher bekannt, etwa durch die Geschwister Mozart. Wolfgang und seine geliebte, viereinhalb Jahre ältere Schwester Maria Anna, von ihm zärtlich Nannerl genannt, eine begabte Cembalistin und Pianistin, wurden von ihrem Vater Leopold in allen wichtigen europäischen Hauptstädten »vorgeführt«.
Die Öffentlichkeit liebte aber auch – von der Presse unterstützt – die mannigfachen Künstler-Rivalitäten. Bekanntlich waren die Brüder Wieniawski nicht die einzigen musikalischen Geschwister der Zeit. »Musikalische Kindergenies schießen wie Pilze aus dem Boden, immer in Paaren: Die beiden Eichhorns, die beiden Milanollos, die beiden Katskis, die beiden Wieniawskis, die beiden Nerudas«, hieß es in einem kritischen Text in der Sankt Petersburger Monatszeitschrift BIBLIOTEKA DLJA TSCHTENIJA.[1] Der Autor warf den jungen Musikern Kalkül und Unsensibilität vor, er schrieb sogar von der »Scharlatanerie der Konzert-Dutzendware« und nannte alles »eine Kinderkomödie«. Abgesehen von der Kritik begegnen uns in diesem Artikel die höchstgehandelten Namen jugendlicher Musiker jener Zeit.
Wilma Neruda war eine aus Mähren stammende Geigerin, die mit ihrer älteren Schwester, der Pianistin Amalie, seit ihrem achten Lebensjahr öffentlich in ganz Europa auftrat. Viel gesprochen wurde auch über die genialen italienischen Geigerinnen, die Schwestern Milanollo. Teresa und ihre jüngere Schwester Maria konzertierten in den 1840er Jahren mit großem Erfolg. Nach dem Tod ihrer Schwester begann Teresa (eine Schülerin von Lafont, Habeneck und Bériot), die auch als Komponistin

---

1 BIBLIOTEKA DLJA TSCHTENIJA Bd. 106, Teil 2, S. 199. Zit. nach Grigoriew, Wieniawski, S. 59.

hervortrat, eine Solokarriere. Ihr widmete Wieniawski sein *Capriccio-Valse* op. 7.

Anfang 1851 schrieb ein Kritiker der Zeitung PANTIEON über nicht weniger als sechs miteinander wetteifernde junge Geiger:

> Alle unsere Konzerte sind voller Geigen! Niemand will Gesang hören, aller Gesang verschwindet, denn keine Stimme singt so wie die Geigen, die zu allen Konzerten locken. Polen und Galizien haben uns ihre besten Geigen zum Wettstreit geschickt: Henryk Wieniawski, Kazimierz Łada, Apolinary Kątski sowie Wilma Neruda haben um den Siegerkranz gekämpft. Zu ihnen gesellten sich auch Russen, die Herren Afanasjew und Latyschew.

Dabei habe – so der Kritiker – Wilma Neruda gewonnen, »ein vierzehnjähriges Kind mit Locken und Hosen, mit einer kindlichen Beweglichkeit und einem unschuldigen Lächeln«.[2]

Ehe die Wieniawskis aber nach Russland gelangten, hielten sie sich im September 1850 eine Weile in Warschau auf. Am 9. Oktober wurde ihnen die Ehre zuteil, vor der gerade in Warschau zu Besuch weilenden Zarin Alexandra Fjodorowna im Łazienki-Palast aufzutreten. Die Brüder führten unter anderem ein *Grand Duo concertant* auf, nämlich das *Große Duett auf das Thema der russischen Hymne von A. Lwow (Gott schütze den Zaren)*, dessen Handschrift Wladimir Grigorjew nach dem Zweiten Weltkrieg in Moskau gefunden hat.

Ihr Duett widmeten die Wieniawskis der russischen Herrscherin, die als Schirmherrin der Jugend galt. Die Widmung wurde angenommen, was den Polen Tür und Tor für weitere Auftritte in Russland öffnete. Da der Termin der Warschauer Konzerte erst auf Dezember gelegt wurde, nutzten sie die Gelegenheit und besuchten weitere Städte im russischen Teilungsgebiet Polens, dem sogenannten »Königreich«. Im November traten sie in Kalisch und in Radom auf. In Warschau spielten sie unter anderem einen von Henryk komponierten *Dorf-Mazur* und eine *Phantasie auf ein Thema aus Meyerbeers Oper »Der Prophet«* (beide Werke sind verschollen) sowie Heinrich Wilhelm Ernsts *Fantaisie brillante sur la marche et la romance d'Otello de Rossini* op. 11. Schon damals konzentrierte sich die

---

2 PANTIEON 1851, Nr. 3, S. 3. Zit. nach Grigoriew, Wieniawski, S. 60.

Presse darauf, den 15-Jährigen mit dem älteren und favorisierten Apolinary Kątski zu vergleichen, der es tatsächlich gut verstand, für sich Reklame zu machen.

Ein strenges Urteil stellte den Brüdern ein geschätzter Musikkritiker aus, Józef Sikorski, der später die Musikzeitschrift RUCH MUZYCZNY gründete und dort als Redakteur arbeitete:

> Es ist gefährlich für Wieniawski, über ihn zu sprechen, wenn man gerade eben erst Kątski gehört hat. Die Kompositionen der beiden jungen Brüder belegen zweierlei: Dass sie die Kunst des modernen Schaffens begriffen haben und dass man das keinesfalls Komposition nennen kann. Selbst wenn wir uns über Form und Führung ausschweigen, denn die kann man umarbeiten, verbessern; doch der Geist der einzelnen Teile sollte mit dem Leben verflochten sein, was heute nicht der Fall sein konnte.[3]

Vielleicht hatte Sikorski – wie Józef Reiss bemerkt – Vorurteile gegenüber »Wunderkindern«, womit er in den höhnischen Ton eines Warschauer Kritikers eingestimmt haben könnte:

> Die Anstrengungen derlei musikalischer Kindermonster können nur verblendete Eltern zufriedenstellen, denen es vorkommt, als würde das Fiedeln einer Bériot-Variation oder das Herunterleiern einer Thalberg-Phantasie durch einen wenige Jahre alten Bengel ankündigen, dass er untrüglich zu einem Liszt oder einem Paganini werden wird.[4]

Es ist jedoch darauf hinzuweisen, dass Sikorski ein Jahr später seine Meinung über die Wieniawski-Brüder geändert hatte, wovon ihn die Meinung Stanisław Moniuszkos überzeugt hatte. Dieser nämlich hatte in einem Brief an Aleksander Walicki vom 11. Juni 1852 geschrieben:

> Apolinary Kątski, zweifelsohne ein tüchtiger Geiger, hätte in der Riege der europäischen Berühmtheiten einen unwidersprochenen Platz, wäre da nicht diese unglückliche, grenzenlose Scharlatanerie, die sich bei ihm sogar auf die klassische Musik erstreckt. Als Kom-

---

3 BIBLIOTEKA WARSZAWSKA 1851, Bd. 1, S. 369.
4 Reiss, Wieniawski, S. 34

ponist ist er in seinen großen Sachen sehr ungeschickt, aber sehr gewitzt in den kleinen Scherzchen, unerträglich in den Mazurken und sogar in ihrer Aufführung. Als Mensch – ein großer Kenner von Dummköpfen, und voll von Mitteln, mit denen er sie an der Nase herumführt.[5]

Wieniawskis und Kątskis Wege werden sich noch häufiger kreuzen, während ihrer fast gleichzeitigen Tourneen durch Russland. Kątski sollte 1852 Henri Vieuxtemps als Hofsolist am Petersburger Hof nachfolgen, eine Position, die Henryk Wieniawski dann 1860 einnehmen sollte.

---

5 Stanisław Moniuszko an Aleksander Walicki, Wilna, 11, Juni 1852, zit. nach Magdalena Dziadek: Podróż przez dźwięki. Śladami Stanisława Moniuszki, Kraków 2020, S. 72.

Zwischen Ostsee und Schwarzem Meer: Reisen im Russischen Reich

Falls jemand glaubt, dass große, ganzjährige Konzertreisen eine Erfindung des 20. Jahrhunderts ausschließlich für die Pop-Musik waren, so irrt er oder sie sich gewaltig. Lange vor den Auftritten der Rolling Stones, von U2, Bruce Springsteen, Elton John, Tina Turner, Cher oder Lady Gaga wurden die musikalischen Wanderwege von den großen Virtuosen abgesteckt, und zwar schon im 19. Jahrhundert. Sie kamen ohne Flugzeuge und Autobusse bestens zurecht und reisten mit der Eisenbahn, mit unbequemen Postkutschen und bei Bedarf auch mit dem Schiff.
Ihr großes musikalisches Abenteuer begannen die Wieniawskis in Kijyw. Von hier aus starteten sie ihre gigantische, fast zwei Jahre dauernde Tournee, die aus fast 200 Konzerten bestand. Ein solches Wagnis hatte bis dahin kein anderer Interpret auf sich genommen. Die Wahl von Kijyw war kein Zufall, denn hier fand Ende Januar und Anfang Februar die große Kontrakt-Messe statt, die älteste derartige Veranstaltung im ganzen Russischen Reich. Sie führte die bedeutendsten Künstler und große Menschenscharen zu den Konzerten im abendlichen Begleitprogramm der Messe zusammen. Die Brüder traten am 8. Februar 1851 im Saal des Kontrakthauses auf. Aleksander Groza schrieb über diesen Auftritt:

> Gründliche Studien haben dem Spiel der beiden Brüder einen ernsthaften Ton verliehen, was eine Reverenz für die schönste und reinste aller Künste ist, dass sie sie nicht zu einer Gauklerei gemacht haben, die alle Augenblicke mit etwas überraschen will, dabei aber die höchste Bestimmung der schönen Kunst vergisst – die Seele anzusprechen. [...] Es scheint, als habe unser ausgezeichneter Lipiński in Henryk seinen Nachfolger gefunden.[1]

---

1 Aleksander Groza: Mozaika kontraktowa. Pamiętnik z roku 1851, Wilno 1857, S. 109, zit. nach Grigoriew, Wieniawski, S. 58.

Aus Kyjiw brachen die Brüder mit ihrer Mutter nach Petersburg auf, dem ersten längeren Haltepunkt auf ihrer Reise. Man könnte sagen, dass ihrer Fährte – wie ein Schatten – auch Apolinary Kątski folgte. Bei ihrem ersten Konzert führten Henryk und sein Bruder Lipińskis *Konzert D-Dur*, Ernsts *Othello-Phantasie* und das gemeinsam geschriebene *Grand Duo über Themen aus Lucia Lammermoor* auf. Der Kritiker der Zeitung SEWERNAJA PTSCHELA (Biene des Nordens) vermerkte:

> Wir können unseren Lesern freiweg sagen, dass die Brüder Wieniawski in nichts an jene Kinder erinnern, die mit ihren Fähigkeiten verwundern, sie aber später mit dem Anbruch der Jugend verlieren. Nein, die Wieniawskis sind wahre Künstler, im vollen Wortsinn, phänomenale Künstler, wie sie einmal in hundert Jahren geboren werden. Vielleicht entsinnt sich mancher einer noch an die Brüder Kątski, ebenso geniale Kinder-Virtuosen. Die Brüder Wieniawski übertreffen sie bei weitem![2]

In derselben Kritik beruft sich der Verfasser auch auf den Vergleich, der in einer Pariser musikalischen Zeitschrift zwischen dem Spiel der Wieniawskis und dem Gesang der legendären spanischen Sängerin Maria Malibran gezogen wurde. Und das war nicht der einzige Vergleich, denn sie wurden auch am Spiel Lipińskis, Paganinis und Ole Bulls gemessen. Im französischsprachigen JOURNAL DE SAINT-PÉTERSBOURG war zu lesen:

> Wieniawski ist nun in den schwierigsten Lebensabschnitt eingetreten. Er ist kein Kind mehr, aber auch noch kein Mann. [...] Es bleibt zu hoffen, dass Henryk, der die Verwandlung von einem Wunderkind zu einem Virtuosen so positiv vollzogen hat, sich auf ebenso gelungene Weise von einem Virtuosen zu einem wahren Künstler wandeln wird.[3]

Zuweilen spielten die Brüder am selben Tag wie Kątski – zum Beispiel am 1. April – und führten dabei noch dazu dasselbe Werk auf, nämlich Paganinis *Karneval in Venedig*. Einige Kritiker meinten, dass eine solche direkte Rivalität die Emotionen unnötig anfache. Schuld an diesem

---

2   SEWERNAJA PTSCHELA 1851, Nr. 58.
3   JOURNAL DE SAINT-PÉTERSBOURG 1851, 27.3. (8.4.) 1851, S. 1.

Abb. 4: Henryk und Józef Wieniawski, Lithographie um 1851
(Archiv der Henryk-Wieniawsk.-Musikgesellschaft, Posen)

Zusammentreffen soll auch Regina Wieniawska gewesen sein, die – wie Grigorjew vermutet – um jeden Preis den Vorrang ihres Sohnes beweisen wollte.
Dieses unaufhörliche Gegenüberstellen hatte unterschiedliche Folgen. Neben Begeisterung gab es Vergleiche, die für die Brüder wenig schmeichelhaft ausfielen, und auch vor diversen »Ratschlägen« von Kritikern konnten sie sich nicht retten. Mutter Wieniawska bestand angeblich auch darauf, dass die Eintrittskarten für das Doppelte des normalen Preises verkauft wurden, weshalb ein Teil des Publikums auf den Besuch verzichtete und über diese Familienpolitik des »Gewinnstrebens« lästerte, wie die Sankt Petersburger Zeitschrift Nuwellist schrieb.[4] Eine andere Perspektive liefert ein Brief von Anton Rubinstein an seine Mutter, in dem er die Gründe der finanziellen Missgeschicke erläuterte. Dazu gehörte ihm zufolge die schon oben erwähnte Konkurrenz: »Diese Mädchen haben eine unerhörte Menge Geld kassiert und großen Eindruck gemacht. Sie heißen Neruda, in 3–4 Wochen fahren sie nach Moskau und von dort aus

---

4 Nuwellist 1851, H. 4, S. 30.

werden sie sich nach Jurjew aufmachen. Außerdem ist der große Geiger Kątski eingetroffen, auch ein Pole.« Rubinstein geht aber noch weiter und lässt nicht nur auf die Mutter, sondern auch auf Henryk selbst kein gutes Licht fallen: »Ich finde, dass der kleine Pianist ein größeres Talent hat als dieser andere, obwohl auch er ein großer Künstler ist. Aber die Mutter macht alles kaputt: Sie ist eine alte Intrigantin und redet den Kindern ein, dass sie besser als alle anderen sind, und sie hören das so oft, dass sie daran glauben.«[5]

Nach Petersburg kam die Reihe an Wilna, das aufgrund seiner Barockarchitektur auch »das kleine Rom« genannt wurde und wo die Brüder im Mai anlangten. Sie trafen hier erneut Stanisław Moniuszko und stießen auch auf den »geschätzten« Kątski. Moniuszko, der künftige Vater der polnischen Nationaloper, unterstützte in dieser Rivalität Wieniawski, was er in privaten Briefen zum Ausdruck brachte, aber vor allem in einer umfangreichen Kritik, die am 4. Mai im KURIER WILEŃSKI erschien und wo er seinen Standpunkt klar und offen verdeutlichte:

> Nun überzeugen wir uns, dass kein Künstler so ungerecht behandelt worden ist, denn während der Geiger Henryk nur in die Reihe der Besseren gestellt wurde, so lehnen wir die Autorität der ausländischen Feuilletons ab, berufen uns auf das öffentliche Urteil und zählen ihn zu den großartigsten Meistern. Er verbindet genau die berühmte Kraft Lipińskis mit Ernsts Empfindsamkeit und Paganinis Humor; und bei der mechanischen Ausführung vergleiche ich nur Vieuxtemps mit ihm.

Moniuszko spart auch nicht mit Komplimenten für das Duo:

> Eine gemeinsame Tugend des Talents beider Brüder ist die strenge Redlichkeit, mit der sie die Reinheit ihrer Kunst wahren; mit einer eigentümlich reizvollen äußeren Heiterkeit, verbunden mit dem höchsten Spiel der Gefühle, die sich nur in Tönen ausdrücken lassen. Das gerade ist es, was uns letztendlich von ihrem wahren Wert überzeugt und die Garantie für die glänzendste Zukunft bietet. In die Riege der bei uns bekannten Meister sind also gleich neben

---

5 Brief von Anton Rubinstein an seine Mutter, 16.9.1851, zit. nach Grigoriew, Wieniawski, S. 62 f.

Lipiński, Vieuxtemps, Lafont, Ole Bull, Artôt, Servais, Zofia Bohrer und Schulhoff heute ohne zu zögern die Brüder Wieniawski einzureihen, womit wir ihnen sehr liebevoll für die angekündigten Momente weiterer Ergötzung danken.[6]

Eine bessere Empfehlung ist wohl kaum vorstellbar.
Es gab noch weitere Bekundungen der gegenseitigen Sympathie. Vom 10. Mai 1851 stammt eine musikalische Widmung Henryks in Moniuszkos Stammbuch – ein Fragment des langsamen Satzes aus einem verschollenen *Violinkonzert* aus seinen Kinderjahren. Und dazu schrieb er auf Französisch: »Mich der freundlichen Erinnerung des Herrn Stanisław Moniuszko empfehlend, sein aufrichtiger Bewunderer und wahrer Freund! Henri Wieniawski.« Einen Tag später wurde das Stammbuch um ein Porträt der Brüder ergänzt, das nach einer bekannten Zeichnung kopiert worden war, und dazu um einen weiteren Eintrag: »Bitte gelegentlich an den zu erinnern, der sehr glücklich ist, sich heute Ihr ergebener Diener zu nennen und in Zukunft vielleicht Ihr ergebener Freund.«[7] Früchte dieses wichtigen und zugleich angenehmen Aufenthalts im Tal der Wilia (litauisch: Neris) waren außerdem zwei Kompositionen – *Nieokiełznany marsz* (Ungestümer Marsch) und *Souvenir an Wilna*, beide haben sich allerdings nicht erhalten. Ein Jahr später hielten sich die Brüder erneut in Wilna auf, diesmal in Begleitung ihres Halbbruders, wo sie auf Einladung von Moniuszko selbst bei einer von ihm organisierten Konzertreihe auftraten. Moniuszko schrieb in seinem bereits zitierten Brief an Aleksander Walicki:

Die Wieniawskis haben seit dem letzten Jahr gewaltige Fortschritte gemacht; die Knirpse arbeiten eifrig – Henryk, der Geiger, hat sich vorgenommen, mit Kątski zu wetteifern, was so schlechten Einfluss auf die Einstellung des Publikums zu ihm hat, dass, abgesehen von dem Schmutz, der sich natürlich aus solchen Scharmützeln ergibt (und besonders in einer kleinen Stadt wie Wilna), das Urteil über das Talent sich ungünstig gestaltet, ein Urteil… wenn es statthaft ist, das gedankenlose Besuchen von Konzerten

---

6 Kurier Wileński 4.5.1851.
7 Grigoriew, Wieniawski, S. 65.

oder das Sichenthalten vom Konzertbesuch Urteil zu nennen. Sie haben zweimal vor einem kaum zur Hälfte gefüllten Saal gespielt.[8]

Moniuszko war von der Rivalität der jungen Haudegen deutlich genervt. »Was bei uns los ist! Kątski, Wieniawski, Kossowski, Łada, Christiani, Mahler, Wernik... Alle kriegen sich des lieben Mammons wegen in die Haare und ich habe durch den Widerhall einige blaue Flecken abbekommen«, vertraute er sich in einem anderen Brief Walicki an.[9] Nun, so geht es zu, wenn man jung ist ... Von den Beziehungen zu dem Komponisten zeugt noch das damals von den beiden Brüdern geschriebene *Grand Duo polonais* op. 8 auf Motive der Lieder *Kozak* und *Maciek*, das aber auch an die *Polonaise* von Alexei Werstowski erinnert.

1851, Ende Juli und Anfang August, hatten die Wieniawskis in Helsinki ziemlichen Erfolg, was die dortige Presse ausgiebig kommentierte. Es fügte sich so, dass parallel dazu die finnische Pianistin Fanny Mansen auf Tournee war, um dadurch Mittel zur Fortsetzung ihres Studiums zu organisieren. Nachdem ihr Konzert in Helsinki abgesagt wurde, beschlossen die Brüder, sich ihr anzuschließen und die eingenommenen Gelder der Pianistin zu übergeben. In der Hauptstadt des »Lands der tausend Seen« entstand auch das von den Brüdern komponierte *Duett auf Themen des Lieds von F. Pacius »Vart Land«* (dieses Lied wurde später zur finnischen Nationalhymne).

Im Rahmen ihrer Konzertreise besuchten die Künstler unter anderem noch Mitau (Jelgava), Moskau, Odessa, Woronesch, Saratow, Charkiw, Jelisawetgrad (Kropywnyzkyj), Kursk, Poltawa, Tula, Twer, Symbirsk (Uljanowsk), Wladimir, Orel und Kasan.

---

8 Moniuszko an Walicki, in: KURIER WILEŃSKI 1851, Nr. 35, zit. nach: Stanisław Moniuszko: Listy zebrane, oprac. Witold Rudziński przy współpracy Magdaleny Stokowskiej, Kraków 1969, S. 605.
9 Moniuszko an Walicki, zit. nach Reiss, Wieniawski, S. 39.

Souvenirs aus Moskau

Während der großen russländischen Tournee vergrößerte sich das kompositorische Werk Henryk Wieniawskis deutlich. Es entstanden einige Kompositionen, darunter das später dem König der Niederlande Wilhelm III. gewidmete *Adagio élégiaque* op. 5, aber auch einige der besten und beliebtesten Werke des Polen: *Souvenir de Moscou* op. 6 sowie *Le Carnaval russe* op. 11. Beide Werke wurden zu Lebzeiten Wieniawskis von anderen Geigern aufgeführt.

Souvenir de Moscou ist eine Konzertphantasie auf Themen von Alexander Warlamows Romanzen *Krasny sarafan* (Der rote Sarafan) und *Osedlaju konia* (Ich werde ein Pferd satteln) die er dem Komödiendichter und Gutsbesitzer Graf Wincenty Bobrowski widmete. Es gab noch weitere derartige »Ansichtskarten« komponierender Geiger aus Russland. Vieuxtemps komponierte unter anderem ein *Souvenir de Russie* op. 21, wo er eine Melodie aus Alexei Werstowskis Oper *Askolds Grab* verwendete, oder auch *6 Divertissements d'amateurs* op. 24, die auf russischen Romanzen verschiedener Komponisten basierten. Der Melodie derselben Romanze Warlamows, die auch Wieniawski verwendet hatte, nämlich *Krasny sarafan*, bediente sich auch der deutsche Violinvirtuose Ferdinand David in seinen *Introduction et variations sur un thème russe* op. 6.

Die zweite »russische« Komposition Wieniawskis hängt mit einem bestimmten violinistischen Phänomen zusammen. Die mit geigerischen Kunststückchen gespickten Geigen-Karnevale erfreuten sich im 19. Jahrhundert großer Popularität. Da der berühmteste Karneval in Venedig stattfand, schufen einige der größten komponierenden Virtuosen entsprechend betitelte Werke. Diesen Weg beschritt zunächst Niccolò Paganini selbst, der als erster seine Variationen *Il Carnevale di Venezia* op. 10 über die neapolitanische Melodie *Oh mamma, mamma cara* schrieb. In seine Fußspuren traten viele andere Komponisten, die diese Melodie aufgriffen, nicht unbedingt nur Geiger: Etwa der »Paganini des Kontrabasses« Giovanni Bottesini, aber auch Fryderyk Chopin, der mit seinen zur Studienzeit geschriebenen *Variationen A-Dur* dem Genuesen huldigte. Viele Jahre nach Chopins Tod wurden sie unter dem überhaupt nicht zum Stil des Komponisten passenden, jedoch zeittypischen Titel *Souvenir de Paganini* herausgegeben. Einen stark von Paganini inspirierten Karneval schrieb kurz nach seiner Begegnung mit dem genuesischen Meister der Komponist Heinrich Wilhelm Ernst. Das Werk erschien einige Jahre später in Leipzig als *Carnaval de Venise (Variations burlesques sur la canzonetta »Cara mia mamma«)* op. 18. Auch ein französischer Virtuose, der Baillot-Schüler Charles Dancla, konnte einen von Paganini inspirierten Karneval verbuchen. Unter seinem Schaffen finden sich sowohl eine *Fantasie brillante* für vier Geigen op. 119 als auch *Variations brillantes sur « Le Carnaval de Venise »* op. 120 für Violine und Klavier.

Dieser Tradition schloss sich nun also auch Wieniawski an, der wie viele andere Geiger der Faszination von Paganinis *Karneval* erlag. Dieses Stück gehörte zu seinem Repertoire. In einer Kritik nach einem Konzert im Königlichen Theater von Den Haag im April 1856 hieß es: »Herr Wieniawski verzauberte uns mit Paganinis *Karneval von Venedig*, den er außerhalb des angekündigten Programms spielte. Er schaffte es, uns für einen Augenblick vergessen zu machen, wer auf der Geige spielte, und zuweilen schien es uns, als würde sie Vogelgesang hervorbringen. [...] Der ganze Saal wurde von einer Welle der Begeisterung ergriffen, der Beifall kannte kein Ende.«[1]

Inspirationen durch Paganini liegen im *Russischen Karneval* also auf der Hand. Dieses Werk kann als Huldigung für das Genie gewertet werden, das Wieniawski ja nur aus den schillernden Erzählungen Massarts und Lipińskis kannte. Kein Wunder, dass das Publikum das geistreiche, brillante und temperamentvolle, zugleich aber auch höchst humorvolle Werk (mit dem Untertitel *Improvisations et Variations humoristiques*) sogleich liebgewann. Die zwölf dem Zaren Nikolaus I. gewidmeten Variationen basieren auf der Melodie des bekannten russischen Lieds *Po ulice mostowoj* (Auf der Brückenstraße). In den Noten steht bei dem fröhlichen und lebhaften Thema der einfache, obschon wertvolle Interpretationshinweis *très fantastiquement*, was den Charakter des Werks gut beschreibt.

---

1 De 's Gravenhaagsche Nieuwsbode 3.4.1856, S. 3.

Renata Suchowiejko weist auch auf das für die damaligen Virtuosen charakteristische spielerische Element hin: »In der Kunst des Virtuosen steckt viel vom Geist des Spiels und des Vergnügens: Eine Vorführung der Geschicklichkeit, der Spontaneität, ein Element der Überraschung und des Risikos, des Wetteiferns. In seinen Kompositionen ist auch eine gewisse Neigung zur Grenzüberschreitung zu erkennen, zur freien Balance zwischen Erhabenheit und Gemeinheit, Ernst und Komik«.[2]

Wieniawski, der selbst sagte, man müsse in der Violinkunst riskieren (« Il faut risquer »), stellt im *Karneval* den Musiker nicht nur vor halsbrecherische technische Schwierigkeiten, sondern erwartet von ihm auch gewissermaßen Mut. In einer an den Verlag Kistner gerichteten Notiz erläutert er mit einer gewissen Verlegenheit: »Ich möchte mich tausendfach bei Ihnen entschuldigen, verehrter Kollege, der Sie mir die Ehre haben zuteilwerden lassen, das Werk durchzusehen, und zwar dafür, dass ich beim Fingersatz und bei der Bogenführung so große Sorglosigkeit an den Tag gelegt habe.« In dem Bemühen, die Schwierigkeiten zu erläutern, hebt er den besonderen Charakter des Werks hervor und führt an, dass es sich um »humoristische Variationen« handele und dass sie »mit Phantasie gespielt werden sollten«.[3]

Nach dem Konzert in Kursk, wo er den *Karneval* erstmalig aufführte, hieß es in der Presse, dass er nicht nur mit seinem ausgezeichneten, klaren Spiel begeistert habe, sondern dass er damit auch den nationalen russischen Schneid habe wiedergeben können. Nach einer Aufführung in Woronesch bemerkte ein Kritiker, dass seine Geige »den kühnen und kapriziösen Bewegungen der Violine dienstbar ist, als würde sie sich aus mehreren Instrumenten zusammensetzen, von denen jedes seine eigenen unterschiedlichen Töne hat«.[4]

Der *Karneval* ist somit ein ideales musikalisches Paradestück, für den Zuhörer eine Kombination des Angenehmen für das Ohr mit dem Effektvollen für das Auge, wobei für den Ausführenden auch noch ein wohltuender emotionaler Schauer übrigbleibt.

---

2 Renata Suchowiejko, Carnaval Russe op. 11 Henryka Wieniawskiego. www.wieniawski.pl/carnaval_russe_opus_11.html.
3 Ebenda.
4 WORONESCHSKIJE GUBERNSKIJE WEDOMOSTI 24.11.1851.

Wien und Krakau:
Der Reiz der k.-u.-k.-Monarchie

Nach zwei Jahren ihrer schlussendlich sehr gut aufgenommenen Tournee durch Russland reisten die Brüder im Februar 1853 nach Wien, das seit fast 100 Jahren eines der wichtigsten Musikzentren Europas war. Auch wenn sie es nicht leicht hatten, da die Stadt von ganzen Heerscharen von »Wunderkindern« überrannt wurde und sich die öffentliche Aufmerksamkeit auf die Italienerin Teresa Milanollo konzentrierte, traten sie hier nicht weniger als neun Mal auf, darunter fünf Mal im Saal der Wiener Gesellschaft der Musikfreunde (dem heutigen Musikverein). Bei den beiden letzten Auftritten wurde Henryk vom Hofopernorchester begleitet, mit dem er die Konzerte von Lipiński und Mendelssohn zu Gehör brachte. Der Erfolg war groß. Der Kritiker der NEUEN WIENER MUSIK-ZEITUNG vermerkte, dass die Wieniawskis an einem Abend sage und schreibe 17 Mal auf die Bühne gerufen wurden. Henryk wurde auch erstmals »zweiter Paganini« genannt, was sich im Laufe der Jahre noch in vielen Kritiken in unterschiedlichen Ländern wiederholen sollte. Aus Berichten wissen wir, dass er Alexandre-Joseph Artôts *Souvenir de Bellini*, Paganinis *Campanella* sowie drei eigene Stücke spielte: *Variationen über das Thema des Lieds »Jechał kozak zza Dunaju«* (dieses Werk über das Lied *Kam ein Kosake über die Donau geritten* ist verschollen), *Grand Duo polonais* sowie *Souvenir de Moscou*. Bei einem der Konzerte hatte der im Saal anwesende Kaiser die Gelegenheit, *Variationen über das Thema der österreichischen Hymne* zu hören, die später Teil der Sammlung von Etüden und Capricen *L'École moderne* op. 10. wurden. Das Wiener Publikum konnte auch den erstmals aufgeführten, berühmten *Kujawiak* bewundern. Der Aufenthalt in Wien war also sehr gelungen, von einigen unfreundlichen Kritiken abgesehen. Die Brüder hatten nämlich einen kleinen Fauxpas begangen, indem sie nicht alle Kritiker einluden – was bekanntlich nicht vergessen wird.

Wien und Krakau: Der Reiz der k.-u.-k.-Monarchie

Von Wien aus begaben sich Henryk und Józef Mitte April nach Lemberg und nach Krakau, wo man sich noch an die bravourösen Auftritte eines Lipiński und eines Liszt erinnerte. Sie riefen hier eine gewaltige Begeisterung hervor – keine Selbstverständlichkeit, wenn man weiß, wie unberechenbar das Krakauer Publikum auch heute noch zu sein pflegt (und ich schreibe das als Krakauer). Das erste Konzert fand im Teatr Stary (Altes Theater) statt, wobei ihr Auftritt mit der Aufführung einer einaktigen Komödie verbunden war. Wie die damals einzige Krakauer Tageszeitung CZAS berichtete, spielten die Brüder dreimal, wobei sie jedes Mal erneut hervorgerufen und mit Blumen beworfen wurden. »Alles Lob der französischen und deutschen Zeitungen schienen zu kühl zu sein, unfähig, die Eindrücke wiederzugeben, welche die Wieniawskis auszulösen vermochten«.[1] Es kam vor, dass Landsleute, selbst wenn sie wie Lipiński große Virtuosen waren, ziemlich gleichgültig empfangen wurden, weshalb die Begeisterung über die Wieniawskis umso mehr zu würdigen ist. Im Mai 1857 kamen die Wieniawskis erneut in die alte Königsstadt. Beim ersten Konzert, im Redoutensaal beim Alten Theater, fanden sich allerdings nicht viele Zuhörer ein, die ihnen lauschen wollten. »Dies können wir einzig und alleine durch die Anwesenheit einer Truppe von Kunstreitern in unsrer Stadt erklären, die genau für gestern eine Vorstellung ihrer halsbrecherischen Künste angekündigt hatten. Und welcher Virtuose, welcher Künstler würde in Krakau den Wettstreit mit so einem Spektakel aushalten?«, fragte der Kritiker des CZAS.[2] Dies belegt nur wieder einmal, dass man bei der Planung eines Konzerttermins alle Faktoren berücksichtigen sollte. Zu den nächsten beiden Konzerten strömte das Publikum wieder in großer Zahl und reagierte lebhaft auf das *Duo concertante*, *Souvenir de Moscou* und auf den *Karneval von Venedig*, nach dem die Zuhörer vor Begeisterung aus dem Häuschen waren. Aleksandra Czechówna hielt in ihrem Tagebuch von 1857 eine persönliche Erinnerung fest, die angeführt werden soll, da sie die Fähigkeit des Künstlers zur Stimmungsschilderung und sein Charisma gut beschreibt:

---

1 CZAS 1853, zit. nach: Józef Reiss: Almanach muzyczny Krakowa 1780–1914, Bd. 2, Towarzystwo Miłośników Historii i Zabytków Krakowa, Kraków 1939 (in der Reihe »Biblioteka Krakowska«), S. 15.
2 Ebenda, S. 16.

Henryks Spiel besitzt etwas Zauberhaftes, bis ins innerste Herz Berührendes. Es scheint, als wüssten wir jeden Gedanken, jedes Gefühl des Künstlers bei den unterschiedlichen Schattierungen seines Spiels. Er beherrscht die Herzen der Zuhörer so wie sein eigenes Instrument. Er möchte, dass wir lachen, und wenn dann ein Lachen auf allen Gesichtern liegt, will er uns mit Verzweiflung erfüllen […] und unwillentlich ergreift ein Schauder unsere Herzen, es scheint, als würde das Leiden, das er malt, uns selbst betreffen, als würden wir mit ihm leiden. Wenn er die glücklichen und ruhigen Tage unseres Lebens ausmalt, fühlen auch wir uns so wohlig und gut, dass wir meinen, wir seien in eine ideale Welt versetzt worden.[3]

Nach den Krakauer Konzerten trennten sich die künstlerischen Wege der Brüder. Letztmalig sollte Henryk – nunmehr ohne seinen Bruder – Krakau erst zwanzig Jahre später besuchen. In der Sala Saska gab er im Februar 1877 zwei Konzerte, bei denen er von einem Professor des Brüsseler Konservatoriums begleitet wurde, dem später bekannten Dirigenten Arthur Nikisch. Zeugen zufolge spielte er, durch seine Herzkrankheit ermattet, im Sitzen, vermochte aber immer noch seine Hörerschaft zu verzaubern. Niemand hätte es damals in Krakau für möglich gehalten, dass man den Geiger hier zum letzten Mal vernahm.

---

3 Aleksandra Czechówna: Pamiętnik 1867, Bd. 2 (Archiwum Akt Dawnych m. Krakowa, Signatur 429), zit. nach Józef Reiss: Almanach muzyczny Krakowa 1780–1914, t. 2, Kraków 1939 (»Biblioteka Krakowska«), S. 17.

Die Wege eines wandernden Virtuosen

Die 1850er Jahre sind für Henryk Wieniawski eigentlich eine einzige unaufhörliche Reise, bei der keine Zeit zum Müßiggang blieb. Ab April 1853 nahm Franz Liszt in Weimar die Brüder auf. Józef Wieniawski gehörte schon damals zu den festen Schülern des ungarischen Komponisten. Henryk nahm dort an den berühmten Musikertreffen in der »Altenburg« teil und wirkte gemeinsam mit Liszt zudem an Konzerten in der Öffentlichkeit wie auch bei Hof mit. Bei einem von ihnen zeichnete ihn der Großherzog von Weimar mit dem Titel »Kammervirtuose« aus. In Weimar lernte Wieniawski Joseph Joachim kennen. Nach drei Monaten, die sie beim Meister verbracht hatten, spielten die Brüder in den böhmischen und rheinischen Bädern, wo sich in den Sommermonaten einflussreiche Persönlichkeiten zusammenfanden und wo man sein musste, um Kontakte zu knüpfen.

Am 27. Oktober fand im Saal des berühmten Leipziger Gewandhauses bei einem Abonnementskonzert – neben der ersten Aufführung von Schumanns *4. Symphonie* – die Uraufführung des *1. Violinkonzerts fis-Moll* op. 14 statt, bei dem Wieniawski selbst die Geige spielte. Es dirigierte der Konzertmeister des Leipziger Orchesters, Ferdinand David, dem Mendelssohn sein *Violinkonzert e-Moll* gewidmet hatte. Schon die in der Violinliteratur selten verwendete Tonart fis-Moll ließ an Lipińskis *1. Violinkonzert*, Ernsts *»Pathetisches« Konzert* und Vieuxtemps *2. Violinkonzert* denken. Nach einem stürmischen ersten Satz mit einer obligatorischen Kadenz *(Cadenza obligata)* führt der langsame Mittelsatz, ein *Larghetto* mit liedhaftem Charakter und dem Titel *Preghiera* (Gebet), zur Beruhigung. Er geht direkt in den Finalsatz über, ein *Rondo* mit volkstümlichen, ungarischen Elementen und einer das Werk krönenden effektvollen Coda. Nach dem Konzert schrieb ein Kritiker der Neuen Zeitschrift für Musik folgendes über Wieniawski:

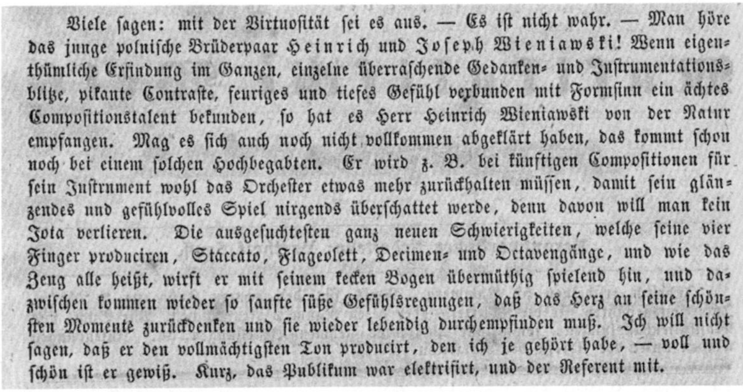

> Viele sagen: mit der Virtuosität sei es aus. — Es ist nicht wahr. — Man höre das junge polnische Brüderpaar Heinrich und Joseph Wieniawski! Wenn eigenthümliche Erfindung im Ganzen, einzelne überraschende Gedanken- und Instrumentationsblitze, pikante Contraste, feuriges und tiefes Gefühl verbunden mit Formsinn ein ächtes Compositionstalent bekunden, so hat es Herr Heinrich Wieniawski von der Natur empfangen. Mag es sich auch noch nicht vollkommen abgeklärt haben, das kommt schon noch bei einem solchen Hochbegabten. Er wird z. B. bei künftigen Compositionen für sein Instrument wohl das Orchester etwas mehr zurückhalten müssen, damit sein glänzendes und gefühlvolles Spiel nirgends überschattet werde, denn davon will man kein Jota verlieren. Die ausgesuchtesten ganz neuen Schwierigkeiten, welche seine vier Finger produciren, Staccato, Flageolett, Decimen- und Octavengänge, und wie das Zeug alle heißt, wirft er mit seinem kecken Bogen übermüthig spielend hin, und dazwischen kommen wieder so sanfte süße Gefühlsregungen, daß das Herz an seine schönsten Momente zurückdenken und sie wieder lebendig durchempfinden muß. Ich will nicht sagen, daß er den vollmächtigsten Ton producirt, den ich je gehört habe, — voll und schön ist er gewiß. Kurz, das Publikum war elektrisirt, und der Referent mit.

Abb. 5: Begeisterte Kritik in den SIGNALEN FÜR DIE MUSIKALISCHE WELT (1853, Nr. 43) über das Konzert in Leipzig am 27. Oktober 1853

> Sein Spiel verräth ein wirkliches, nicht unbedeutendes Talent: es ist leidenschaftlich, oft etwas zu ungestüm und keck, überall jedoch zeigt sich Geist und Leben. Diese übersprudelnde, noch ungeordnete Fülle gab sich auch in der Composition zu erkennen.[1]

Insgesamt war die Kritik begeistert. So hieß es etwa in den SIGNALEN FÜR DIE MUSIKALISCHE WELT: »das Publikum war elektrisirt, und der Referent mit«.[2]

Nach Bayern begaben sich die Brüder auf Einladung von Herzog Max von Bayern, den sie im Sommer in Baden-Baden kennengelernt hatten. Die Auftritte waren ein Erfolg nach dem anderen. Der in München residierende Herzog zeichnete sie mit einer Goldmedaille aus, und in der ALLGEMEINEN ZEITUNG hieß es sogar:

> Die Kritik hat sich bis jetzt gescheut irgendeinen Violin-Virtuosen ersten Ranges mit Paganini, dem Meister der vollendetsten Technik, auch nur annähernd in Vergleich zu setzen. Dem Hrn. Heinrich Wieniawski ist es gelungen ihr das Geständniß abzuzwingen daß

1 NEUE ZEITSCHRIFT FÜR MUSIK 4.11.1853, S. 205.
2 SIGNALE FÜR DIE MUSIKALISCHE WELT 1853, Nr. 43, S. 338.

seine Technik im edlen Style bis auf die sogenannten dämonischen Capriolen nicht nur der des einst vergötterten Paganini gleichkomme, sondern auch manchen neuen Reiz biete.³

»Vive la Bavarie«, schrieb der Geiger an seinen Leipziger Verleger, entzückt über die herzliche Aufnahme und seine finanzielle Situation.
So beflügelt, setzte er zusammen mit seinem Bruder seine Reise durch deutsche Städte fort. In Berlin, wohin sie im Februar 1854 gelangten, gaben sie trotz aller Konkurrenz insgesamt 16 Konzerte und traten am königlichen Hof, im Kroll-Theater und in der Oper auf. Der Erfolg, den sie an der Spree und im nahen Potsdam hatten, war ungeheuer. Der führende Berliner Musikkritiker Ludwig Rellstab schrieb, dass man in Berlin nur selten, ja vielleicht noch nie so viele hervorragende, wirkliche Talente getroffen habe wie gegenwärtig.⁴ Nach dem Konzert im Kroll-Theater schrieb derselbe Rellstab in der VOSSISCHEN ZEITUNG über den Geiger: »In der That, der Spieler hat das Geheimniß uns immer wieder zu überraschen, immer wieder eine neue Seite zu enthüllen, welche den unerschöpflichen Reichthum des inneren Quells darthut, aus dem seine phantastischen Gaben emporsprudeln.«⁵
Die Nähe Posens führte dazu, dass die Wieniawskis im April in die Hauptstadt der Provinz Posen gelangten, um hier dreimal im Theater aufzutreten. Nach Auftritten in Königsberg in Ostpreußen, in Danzig, Elbing und Bromberg kehrten sie im Juni nach Posen zurück. Die Konzerte in der Provinzhauptstadt hatten für die polnischsprachigen Einwohner der von Preußen annektierten Region noch einen weiteren Aspekt – sie wurden zu einer Art von patriotischer Manifestation.
Die Wieniawskis traten dort auf (wie es hieß, im »Polnischen Theater«), »bei dichter Beleuchtung des Saals« – wie es auf den Plakaten hieß – sowie in den schönen Innenräumen des Hotels Bazar, einem Zentrum der ansässigen Polen, das Henryk Wieniawski noch mehrfach aufsuchen sollte. Von der patriotischen Atmosphäre der Konzerte zeugen auch die Presseberichte. In einem heißt es: »So eines war eine Mazurka mit dem

---

3   ALLGEMEINE ZEITUNG, 21.12.1853, S. 5665.
4   Ludwig Rellstab: Concert. In: VOSSISCHE ZEITUNG 26.3.1854.
5   Ebenda.

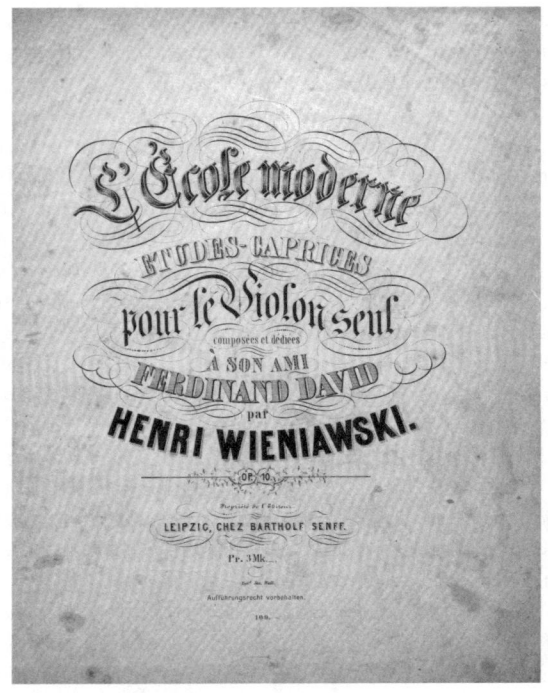

Abb. 6: Wieniawskis berühmtes Unterrichtswerk *L'école moderne*.
Titelblatt eines Leipziger Notendrucks um 1880 (Polona)

Titel *Idylle*, mit der der ältere Wieniawski den Abend des 11. Juni [1854] beendete, und mit der er uns davon überzeugte, dass hier eine Hand wächst, die im Laufe der Zeit das große Szepter eines geborenen Musik-Künstlers tragen kann, das kürzlich der sterbenden Hand von Chopin entglitten ist.«[6]

Der so gefeierte Wieniawski widmete der Stadt seine Charakter-Mazurka *Souvenir de Posen* op. 3, die er der aus der bei Posen gelegenen Stadt Wreschen (Września) stammenden Joanna Niemojowska widmete. Der

6 Gazeta Warszawska 21.6.1854.

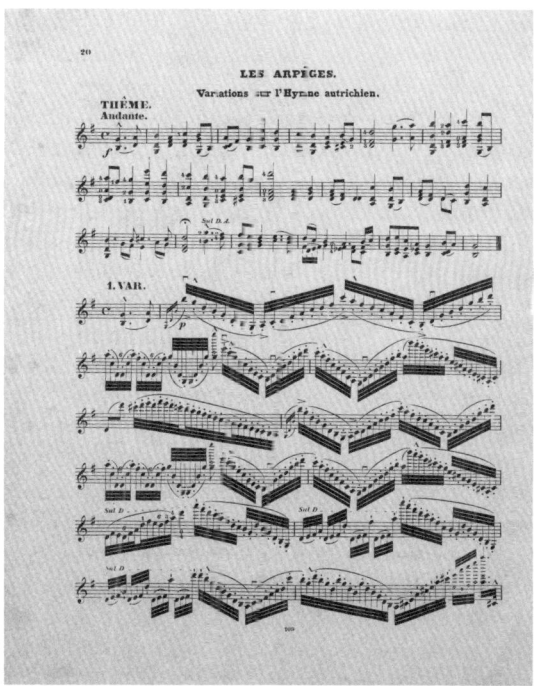

Abb. 7: Beginn der neunten und letzten *Étude-Caprice* aus *L'école moderne* – Variationen über die österreichische Hymne. Leipziger Notendruck um 1880 (Polona)

ebenfalls aus der Provinz Posen (dem polnischen Großpolen) gebürtigen Michalina Czapska widmete er wiederum einen in einem Posener Verlag erschienenen *Kujawiak* (in einer Bearbeitung für Klavier; die Originalfassung war Konstancja Korzuchowska gewidmet). In Posen entstand auch die einzige Komposition Wieniawskis für Singstimme und Klavier: *Chanson polonaise »Rozumiem«* auf Worte des Dichters und Juristen Józef Dionizy Minasowicz. Dieses Lied versah Wieniawski mit einer Widmung für Ludwika Turno, mit der ihn eine kurze Romanze verband. Ebenfalls in der Provinz Posen beendete er eines der wichtigsten Werke in seinem Schaffen – *L'École moderne. Études-Caprices* für Violine solo, die er Ferdinand David zueignete, mit dem er sich in Leipzig angefreundet hatte. Die *Études-Caprices* sind bis heute fester Bestandteil des Geigenrepertoires für Unterricht, Wettbewerbe und Konzerte. Titel und Form beziehen sich auf die berühmte Sammlung von Paganini, aber auch auf die Capricen von Lipiński, Vieuxtemps und Ernst. Wieniawski gelang mit den Capricen das, was Chopin mit seinen Etüden vollbrachte – ein ausgewähltes Problem oder eine technische Schwierigkeit sind als künstlerisches Werk »verkleidet«. Jerzy Kusiak nennt sie sogar »Kleine Poeme«, die gleichermaßen »eine Schule der Technik wie auch der Anmut, der Leichtigkeit, der Eleganz und des ausgesuchten Geschmacks« seien.[7]

Wahrscheinlich ebenfalls in Posen komponierte er eine Kadenz für Beethovens *Violinkonzert D-Dur*, deren Manuskript sich in Den Haag befindet. Aus seiner Korrespondenz wissen wir, dass Wieniawski sich während seines Aufenthalts in Posen brieflich bei Verlegern in Wien und Leipzig um deren Veröffentlichung bemühte. Übrigens nahm er in die erste Auflage der *Études-Caprices* auch diese Kadenz als Triller-Studie auf, neben den *Variationen über die österreichische Hymne* (eine Arpeggio-Studie) sowie Auszügen aus *Souvenir de Moscou*.

Der August war ebenfalls mit Arbeit angefüllt, genauer gesagt mit Konzerten in rheinischen Städten. Erstmals war Henryk dazu genötigt, sich aufgrund seiner sich bemerkbar machenden gesundheitlichen Schwierigkeiten auszuruhen. Nach einer Zwangspause in Heidelberg, wo er den bekannten Arzt Hevelius aufsuchte, konzertierte er gemeinsam mit seinem Bruder in München und Frankfurt am Main. Auftritte in Köln beendeten seine zweite große Tournee, die aus mehr als 120 Konzerten bestand. Sie legte die Grundsteine für den Rang beider Künstler in diesem Teil Europas. Derweil hatte sich Henryk ein eindrucksvolles Repertoire angeeignet: Von Beethoven spielte er das *Violinkonzert D-Dur* und die *Kreutzer-Sonate*, von Mendelssohn das *Konzert e-Moll*, von Bach die *Sonate a-Moll* BWV 1003 für Violine solo sowie Paganinis *Introduktion und Variationen über »Di tanti palpiti«* aus Rossinis Oper *Tankred*.

Ende Dezember 1854 reisten die Brüder auf Einladung von François-Joseph Fétis nach Brüssel. Der 2000 Besucher fassende Saal des Kon-

---

7 Jerzy Kusiak: Przewodnik po muzyce skrzypcowej, Kraków 2014, Eintrag »Wieniawski«.

servatoriums war nicht groß genug für alle, die am 7. Januar 1855 den Auftritt der beiden Polen miterleben wollten. Der Brüsseler Erfolg zog Konzerte in Antwerpen, Hamburg, Bremen und Hannover nach sich. Nach dem Konzert in Hannover, dem Wohnort Joseph Joachims, der in der deutschsprachigen Welt als führender europäischer Geiger galt, hieß es: »Wieniawski ist nicht mehr ein würdiger Rivale Joachims, sondern Joachim ist der einzige Geiger, der neben Wieniawski bestehen kann.«[8] In der Brüsseler Zeitung L'INDÉPENDANCE BELGE war sogar zu lesen, dass bei der Spieltechnik kein Geiger mit Wieniawski konkurrieren könne. »Seit Paganinis Zeiten ist kein Virtuose dieser Klasse erschienen. Was man meist mit dem Wort ›schwierig‹ bezeichnet, ist für diesen unvergleichlichen Künstler nur eine Unterhaltung.«[9] Dieser Satz diente auch als Motto der ersten, 1856 in Den Haag erschienenen Biographie des damals 21 Jahre alten Geigers, für die der Musikwissenschaftler Alexandre Desfossez verantwortlich zeichnete. Ein Kapitel widmete er sogar einem Vergleich des Spiels von Wieniawski und Paganini.

Im Frühjahr 1855 fand sich Henryk Wieniawski mit seinem frisch komponierten *Scherzo-Tarantelle* op. 16 bei seinem ehemaligen Lehrer Massart ein, dem er das ihm gewidmete Werk überreichte. In einem atemberaubenden, für eine Tarantelle typischen Tempo gehalten, gehört es zweifellos zu Wieniawskis Bravourstücken. Das Wiedersehen nach Jahren war eine Gelegenheit, um Massart von den bisherigen Erfolgen zu berichten, aber auch, um – wie es bei derlei Gesprächen der Fall zu sein pflegt – Ratschläge einzuholen, wie es denn nun weitergehen könnte. Die Entscheidung über die musikalische Zukunft fiel jedoch erst im heimatlichen Lublin, das die Brüder im Sommer 1855 besuchten.

---

8 Edmund Grabkowski: Henryk Wieniawski. Kompozytor – wirtuoz – pedagog, Poznań 1996 (Rückübersetzung des Zitats aus dem Polnischen, d. Ü.).

9 L'INDÉPENDANCE BELGE 29.2.1856. – »Depuis Paganini, il n'avait point paru de virtuose de cette force. Ce qu'on appelle en général difficulté, n'est qu'un jeu pour cet artiste vraiment extraordinaire.«

Der Paganini des Kontrabasses, eine Bulldogge und Tulpen

Die künstlerische Trennung von Henryk und Józef Wieniawski war nicht die Folge eines Konflikts, sondern eine durchdachte und vernunftgeleitete Entscheidung, die seit einiger Zeit herangereift war. Eine solche Entwicklung hatten auch schon manche Kritiker vorhergesagt, die die Karriere der Wieniawski-Brüder verfolgten. Nur zu verständlich war, dass einerseits der Geiger durch die stete Gegenwart des Bruders »ermüdet« war, der ihn schließlich seit den Pariser Studienzeiten begleitete, zumal er nun selbst auf eigene Rechnung arbeiten und größere künstlerische Freiheit erlangen wollte, und dass andererseits auch der bislang im Schatten von Henryk stehende Pianist Józef sich emanzipieren wollte. Es gab zwischen ihnen keine Animositäten oder Eifersüchteleien, weshalb sie auch später noch gelegentlich gemeinsam auftraten. Doch war die Entscheidung, wie sich herausstellen sollte, die richtige. Nach den gemeinsamen Konzerten in Lublin und Kyjiw reiste Henryk alleine weiter in den niederschlesischen Kurort Salzbrunn (heute: Szczawno-Zdrój), wo er zwei Auftritte mit einem notwendig gewordenen Erholungsaufenthalt verband. Nach einer mehrwöchigen Kur konzertierte er in Breslau, Leipzig, Dresden und Köln.

Er trat nun gerne mit dem bereits genannten italienischen Kontrabassisten und Komponisten Giovanni Bottesini auf, der auf einem dreisaitigen Instrument spielte, sowie mit der Sopranistin Claudia Fiorentini. Bottesinis *Grand Duo concertant* für Kontrabass, Violine und Orchester sollte eine der beliebtesten Kompositionen des Italieners werden. Ursprünglich für zwei Kontrabässe geschrieben, ging die Fassung für Kontrabass und Violine auf den gemeinsam mit Bottesini auftretenden Camillo Silvori zurück (einen Paganini-Schüler), der die Partie des ersten Kontrabasses für Geige transkribierte – und wurde in dieser Gestalt zu einem Repertoirestück. Bottesini führte das Werk mit Virtuosen wie Henri Vieuxtemps, Guido Papini oder Wieniawski auf. Henryk trat mit ihm und der Künstlergruppe des Impresarios Bernard Ullman bei vielen Konzerten in Berlin, Dresden, Frankfurt am Main, Breslau, Utrecht, Den Haag und Uppsala auf, wo vor allem ihre Duette eine Sensation waren. Ein Berliner Kritiker schrieb, dass Henryk Wieniawski ähnlich wie Bottesini auf dem Kontrabass zu den Matadoren ihrer Instrumente gehörte.[1] Der Kritiker des AMSTERDAMSCHE COURANT beschrieb die Rivalität zwischen dem Kontrabass und der Geige ziemlich lustig, indem er das eine Instrument mit einer »großen Bulldogge« verglich und das andere mit einem »kleinen Hündchen«, die miteinander kämpften.[2]

Bleiben wir eine Weile in den Niederlanden, denn die Verbindungen unseres Geigers zum Land, in dem die Tulpen blühen, sind recht interessant. Nicht ohne Grund erschien hier seine erste Biographie. Hier konzertierte er auch am häufigsten – in gerade einmal zwei Jahren gab er zwischen Zeeland und Friesland über 150 Konzerte! Seine langjährige enge Beziehung zu den Niederlanden hatte mit einem Auftritt in Amsterdam im März 1856 begonnen. Bald darauf, nach einem Konzert in Utrecht, präsentierte die Zeitschrift CAECILIA den Geiger und stellte einige Suggestivfragen:

> Wird es keine Übertreibung sein, wenn wir sagen, dass Henryk Wieniawski der größte lebende Geiger ist? Ist es je einem der Violinvirtuosen gelungen, all diejenigen Merkmale in sich zu vereinen, die der junge Pole besitzt? Wer besitzt einen so mächtigen, edlen und beseelten Klang, verbunden mit einem erhabenen und breiten Spiel, und zugleich mit einer unglaublichen technischen Leichtigkeit, einer blitzartigen Geschwindigkeit, klangvolle Einzel- und Doppelflageoletts, ein kräftiges *staccato*?[3]

Zahlreiche Kritiken aus anderen Städten waren in einem ähnlichen, begeisterten Ton gehalten, und es gab auch zahllose Vergleiche zugunsten des Polen und Titel wie »König, Held der Geige«, »Zaubergeiger« sowie – in verschiedenen Variationen – »Nachfolger Paganinis«. Die Kritiker

---

1 Edmund Grabkowski, Romuald Połczyński: Klasyka na CD. Wieniawski, Towarzystwo Muzycne im. H. Wieniawskiego w Poznaniu, Oficyna Wydawnicza ATENA, Poznań 2001, S. 70.
2 AMSTERDAMSCHE COURANT 15.12.1857, S. 2.
3 CAECILIA 1.4.1856.

waren von seinem Spiel verzückt, und rund um die Konzerte ging es hoch her, was eine Kritik aus Den Haag verdeutlicht, die in L'Écho Universal. Journal des Pays Bas veröffentlicht wurde:

> Kaum betrat er die Bühne, begann ein wahres Konzert des Beifalls, des Füßetrampelns und Geschreis in einer Intensität, dass uns schien, als befänden wir uns einige hundert Kilometer von hier, fern vom kalten Holland, unter einem Mittelmeervolk mit heißem Temperament, das dazu neigt, seine Emotionen lautstark zu äußern. Doch als der Virtuose den ersten Ton spielte, hielt im Saal andächtige Stille Einzug.[4]

Das Verhältnis zu Wieniawski, der in den Niederlanden Starruhm genoss, war geradezu ehrfürchtig. Zu seinen Ehren wurden Straßenumzüge mit Lampions organisiert, Lithographien, Kupferstiche und Karikaturen mit seinem Konterfei hergestellt, und der belgische Bildhauer Eugène Lacomblé schuf sogar eine Büste des Künstlers, die anschließend vom Museum in Den Haag erworben wurde. Nicht verwunderlich, dass am Ende König Wilhelm III. – selbst ein Musikliebhaber – unseren Protagonisten mit dem Offizierskreuz der Eichenkrone auszeichnete.

4 L'Écho Universal. Journal des Pays Bas 24.5.1856.

Verschiedene Erfolge an der Themse

Im Frühjahr 1857 konzertierte Henryk Wieniawski erneut mit seinem Bruder Józef, unter anderem erstmals in Lemberg. Die Hauptstadt Galiziens empfing ihn begeistert. Die Kritiker stellten gar fest, dass der hier sehr geschätzte Lipiński sein eigenes Konzert nicht so gespielt habe wie Wieniawski dies tat.

Im Juni nahm er in Posen an einem Wohltätigkeitsempfang teil, der von Fürstin Marcelina Czartoryska zugunsten der Gesellschaft der Freunde der Wissenschaften (Towarzystwo Przyjaciół Nauk) ausgerichtet wurde. Mit dieser Chopin-Schülerin trat er auch im Saal des Hotels »Bazar« auf. Im Juli war der Künstler schon bei den »Wassern« des von ihm geschätzten Salzbrunn. Einige Jahre später sollte die Biesiada Literacka über einen Vorfall berichten, der sich während eines Balls nach einem der Konzerte in dem Badeort zutrug. Es soll damals nämlich um ein Haar zu einer Schlägerei zwischen Wieniawski und einem ansässigen Bergmann gekommen sein. Grund war, dass beide sich dieselbe Partnerin für die Contredanse erkoren hatten.

Aus Salzbrunn ging Wieniawski mit wiederhergestellter Gesundheit auf eine Konzertreise durch ganz Westeuropa. Ein Jahr später war er schon in Paris, wo er sich enger mit Anton Rubinstein anfreundete, der von nun an zu seinem treuesten Freund werden sollte und mit dem er viele wichtige Momente seiner Kariere teilte. Zusammen mit dem Pianisten spielte er unter anderem die Beethoven-Sonaten. Ihre Auftritte gefielen aber nicht allen Kritikern. Trotz der Begeisterung des Publikums stellte der Kritiker der Revue et gazette musicale de Paris, Paul Smith, in seinen Bemerkungen über die Aufführung des *Karnevals in Venedig* fest: »Exzentrizität, Burleske und Narretei, darin übertraf er seine Vorgänger Paganini, Sivori und Ernst. Aber was hätte Viotti wohl dazu gesagt, wenn er zwischen uns aufgetaucht wäre und all die musikalischen Orgien gehört hätte, die den edlen Ton der Geige profanisieren?«[1] Die französische Kritik wollte – so Grigorjew – »die neuen Interpretationshorizonte nicht erkennen, die sich durch Wieniawski eröffneten«. Seiner Meinung nach war der Geiger »viel moderner als seine Kritiker, er verkörperte in der Musik jene komische Ebene, die er später so frei und breit entfaltet (verschiedene Färbungen von Groteske – vom leichten Humor bis zu Sarkasmus und bitterer Ironie).«[2]

Nach einem kühlen Empfang in Dresden machte Wieniawski gerne von der Einladung Louis-Antoine Julliens Gebrauch, eines französischen Dirigenten, Komponisten und Organisators des musikalischen Lebens, der dem Künstler vorschlug, gegen Ende 1858 an einem Zyklus von Konzerten in London teilzunehmen. Zum ersten Auftritt im Londoner Royal Lyceum Theatre strömten wahre Menschenmassen. Einige hielten Wieniawski für einen Polen, andere für einen Russen, aber mit einer Position, die dem Genius Paganini gleichkam, wie der Kritiker der MUSICAL WORLD schrieb. Das Renommee des Geigers wuchs mit jedem weiteren Konzert, seine Auftritte waren Sensationen und er selbst wurde zu einem der größten Musikstars in London.

Hier sei eine kleine Abschweifung erlaubt, denn Wieniawski war keineswegs der erste polnische Geiger, der an der Themse Triumphe feierte. 1792 war Feliks Janiewicz nach Großbritannien gelangt, der das erste polnische Violinkonzert geschrieben und dem Mozart sein *Andante* KV 470 gewidmet hatte. In der Saison 1792 war Janiewicz bereits der zentrale Geiger bei den Subskriptionskonzerten im Hanover Square Room, die vom berühmten Impresario Johann Peter Salomon organisiert wurden – ebenjenem Salomon, der auch Haydn nach London geholt hatte. In der Folgesaison beteiligte sich Janiewicz – dem nunmehr Viotti nachfolgte – an Oratorienkonzerten im King's Theatre Haymarket. Er trat auch gemeinsam mit Haydn auf, der sich damals regelmäßig in der englischen Hauptstadt aufhielt. 1813 gehörte er zu den 30 Gründen der Londoner Philharmonic Society, mit der er als einer der Orchesterleiter bis 1815 zusammenarbeitete.

---

1 REVUE ET GAZETTE MUSICALE DE PARIS 11.4.1858.
2 Grigoriew, Wieniawski, S. 104.

Die Nachfrage nach den Auftritten von Wieniawski im Lyceum Theatre war gewaltig. Die Konzerte aus dem Zyklus »M. Jullien's Concerts« fanden täglich außer sonntags statt, und zwar ab dem 1. November, wobei sie ursprünglich für einen Monat geplant waren. Jedoch waren die Ergebnisse und das Interesse so groß, dass man beschloss, die Konzertreihe bis zum 18. Dezember zu verlängern. Sowohl damals wie auch heute macht das Eindruck. Nach dem Londoner Marathon konzertierte Wieniawski mit einer Künstlergruppe um Jullien in Manchester, Leeds, Liverpool, Glasgow, Belfast und Birmingham, wo der Geiger mit ähnlichem Beifall aufgenommen wurde.

Im Anschluss an seine Rückkehr nach London wurde Wieniawski von der Kammermusik in Beschlag genommen, die er von Kindes Beinen an mochte und die in der englischen Hauptstadt sehr gefragt war. Der Geiger ließ sich von der kammermusikalischen Mode anstecken, die unter anderem von der neuen Beethoven Quartet Society propagiert wurde. Er musizierte gemeinsam mit Künstlern wie Heinrich Wilhelm Ernst, Alfredo Piatti und Joseph Joachim. Letzterer hielt ihn für einen der verrücktesten und risikofreudigsten Virtuosen, den er je gehört habe. »Wer nicht Zeuge dieser kühnsten akrobatischen Sprünge war, die er auf der Bratsche vollbrachte, als wir gemeinsam mit Ernst und Piatti in der Londoner Beethoven Quartet Society ein Streichquartett bildeten, der kann sich nicht vorstellen, was seine linke Hand vollbringen kann.«[3]

Wieniawski beteiligte sich an den seit 1845 von John Ella, einem Geiger der Philharmonic Society, organisierten musikalischen Matineen der Musical Union. Im Februar 1859 wurde der Pole auch ans erste Pult der Monday Popular Concerts berufen, die von Thomas Chappell gegründet und von seinem Bruder Arthur geleitet wurden. Im Repertoire befanden sich neben Beethovens kammermusikalischen Werken auch Klaviertrios von Mendelssohn und Haydn, die Quartette und das Quintett von Schumann, aber auch die Quartette von Spohr. In London hielt sich Wieniawski bis Juni auf, ehe er sich – wie schon in den Vorjahren – in die rheinischen Kurorte begab.

Im April 1859 besuchte Wieniawski auf Zureden seines Freundes Rubinstein die Familie Hampton. Die Dame das Hauses war die Schwester des

---

3 Ebenda, S. 107.

bekannten irischen Pianisten und Komponisten George Alexander Osborne, der während seines Aufenthalts in Paris herzliche Bekanntschaft mit Chopin und Berlioz geschlossen hatte. Henryks Blicke fielen auf die Tochter der Hamptons, die fünf Jahre jüngere Isabelle Bessie, die »Bella« gerufen wurde. Wie sie in ihren Erinnerungen festhielt: »Anton Rubinstein, unser großer und teurer Freund, der frisch nach London gekommen war, bat darum, einen der größten Geiger der damaligen Zeit ins Haus meiner Eltern einführen zu dürfen. Meine Mutter, die Henryk Wieniawski schon spielen gehört hatte, war höchst erfreut und wartete ergriffen auf den ersten Besuch, zu dem es am nächsten Tag kam.«[4] Zwischen Isabelle und Henryk funkte es bald. Das einzige Hindernis bei der Verlobung war, den Vater der Auserwählten zu überzeugen – keine Formalität, wie sich herausstellen sollte. Obschon sich Sir Thomas Hampton gerne mit Künstlern umgab, sah er in Sorge um das Wohlergehen seiner Tochter deren Zukunft nicht unbedingt an der Seite eines solchen Künstlers, zumal eines Ausländers mit ungewissem und unregelmäßigem Einkommen. Die Streitfrage war also vor allem finanzieller Natur. Am Ende blieb es bei zwei Bedingungen: Wieniawski sollte seine künftige Frau für eine Summe von 200 000 Francs versichern und seine Lebenssituation durch die Suche nach einer passenden Stellung stabilisieren. Das alles ist beileibe nicht besonders romantisch. Viel schillernder und attraktiver ist hingegen eine über die Jahre entstandene Legende in Zusammenhang mit der *Legende* op. 17. Die berühmte Miniatur für Violine und Klavier entstand im Sommer 1859 während Wieniawskis Aufenthalt in Ostende, dem damals höchst beliebten Badeort an der belgischen Nordseeküste, der gerne von der Königsfamilie und der Aristokratie aufgesucht wurde. Nach dieser Anekdote soll Wieniawski, nachdem ihm Herr Hampton die Hand seiner Tochter verweigert habe, verzweifelt ins Hotel zurückgekehrt sein und von Trauer zerrissen seine Gefühle in Noten zu Papier gebracht haben. Die neue Komposition führte er bei einem Konzert am 18. November

---

4 Aus den unveröffentlichten Erinnerungen Isabelle Hampton-Wieniawskas, zit. nach: Edmund Grabkowski, Romuald Połczyński: Henryk Wieniawski (Serie »Klasyka na CD«), Towarzystwo Muzyczne im. Henryka Wieniawskiego w Poznaniu, Oficyna Wydawnicza ATENA, Poznań 2001 (eine CD mit 15 Aufnahmen ausgewählter Werke in der Interpretation von Preisträgern des internationalen Henryk-Wieniawski-Violinwettbewerbs).

Abb. 8: Isabella und Henryk Wieniawski, 1862
(Archiv der Henryk-Wieniawski-Musikgesellschaft, Posen)

1859 in der Londoner St. James-Hall auf, im Beisein seiner Geliebten und deren Eltern. Die wehmütigen Klänge der Geige sollen den bis dahin unerbittlichen Vater zur Änderung seiner Entscheidung bewogen haben. In Wirklichkeit entstand das Stück zwar in Ostende, wo Isabelle sich zusammen mit ihrer Mutter aufhielt, und es war ihr auch gewidmet, nur waren die beiden damals bereits verlobt. Dies ändert nichts daran, dass dies zweifellos das berühmteste, aber zugleich auch persönlichste Werk Wieniawskis ist, eine Art Poem, das mit seinem gefühlvollen, balladeskelegischen und meditativen Charakter seit mehr als 160 Jahren Geiger und Zuhörer in seinen Bann zieht. Wer auch immer die Handschrift der *Legende* gesehen hat, der kann sich eines Eindrucks nicht entziehen – wie sorgfältig mit schöner Kalligraphie nicht nur die Noten der Komposition, sondern auch die Wörter auf der Titelseite ausgeführt sind.

Wieniawski trat in Ostende auf, doch war das nur der Auftakt zu einer sommerlichen Konzertreise durch die Bade- und Kurorte – Bad Homburg, Ems –, aber auch, gemeinsam mit Alfred Piatti und Anton Rubinstein, durch die Niederlande. Der Ruch Muzyczny meldete am 12. Oktober, dass in Ems »der holländische König bei einem Konzert den Cellisten Piatti und den Geiger Wieniawski mit dem dortigen ›Eichen‹-Orden ausgezeichnet hat und mit einem Ring mit der aus Diamanten gebildeten königlichen Ziffer«.[5] Seinem Freund Anton Rubinstein verdankte Wieniawski nicht nur die Bekanntschaft mit Isabelle, sondern auch jene Stabilisierung, die sich Herr Hampton wünschte. Mit seinen Einflüssen beim russischen Hof erfuhr er von einer freien Stelle für einen Solisten der Kaiserlichen Theater und protegierte Henryk, damit dieser die gut bezahlte Stelle erhalte. Aufgrund der Notwendigkeit, in Zusammenhang mit der Arbeit in Russland die unterschiedlichsten Formalitäten erledigen zu müssen, fand die Hochzeit der beiden erst ein Jahr später statt.

---

5 Ruch Muzyczny 12.10.1859.

Vorbereitungen und Verträge

Petersburg – die unvergleichliche, in den Sümpfen der Newamündung gegründete Stadt am Finnischen Meerbusen – war seit 1712 für mehr als zwei Jahrhunderte Hauptstadt Russlands. Die von Dostojewski so hervorragend porträtierte Stadt war nicht nur Zentrum des Russländischen Reiches, sondern auch ein wichtiges Zentrum der polnischen Diaspora. Eine Stadt wie ein Magnet, der auch polnische Bevölkerungsteile anzog. Den ersten großen Zustrom von Polen hatte es nach der Niederschlagung des polnischen Novemberaufstands gegen die Zarenherrschaft 1830/31 gegeben; die nächste Welle folgte nach dem Januaraufstand von 1863/64. Der ersten Volkszählung in der Stadt zufolge machten Polen im Jahre 1869 2,2 Prozent der Einwohner aus. Von Anfang an zog Petersburg auch polnische Künstler an. Hier hatten unter anderem die in ganz Europa geschätzte Pianistin und Komponistin Maria Szymanowska und der Komponist Józef Kozłowski gelebt. Der große romantische Dichter Adam Mickiewicz hielt sich hier drei Mal auf, und der Maler Henryk Siemiradzki studierte an der Kaiserlichen Kunstakademie. Im Westen Europas waren die musikalischen Zentren Städte wie Paris, Wien oder London, während im Osten Petersburg mit seinen aristokratischen musikalischen Salons diese Rolle einnahm. In der Zeit der reisenden Virtuosen hatte die russische Hauptstadt viel zu bieten – neben den Salons auch außergewöhnlich prestigeträchtige Engagements in den Ensembles der kaiserlichen Theater, denn die Herrscher bemühten sich, die bedeutendsten Künstler für ihre Höfe zu gewinnen. Ein solcher bedeutender Geiger, der die Position eines »ersten Solisten der kaiserlichen Theater« bekleidete, war der aus Belgien stammende Henri Vieuxtemps, auf den der Pole Apolinary Kątski folgte.

Petersburg hatte Wieniawski, der Russland bei seinen früheren Tourneen kennenlernen konnte, schon lange angezogen. Hier lebten Freunde von ihm, darunter Rubinstein, der sich für die Gründung eines Konservatoriums einsetzte, an dem Henryk eine Violinklasse übernehmen sollte.

Vorbereitungen und Verträge

Bei seiner Bewerbung um die Stelle eines Solisten der kaiserlichen Theater sorgte Wieniawski – wie wir heute sagen würde – für die nötige PR und *publicity*, indem er zunächst vor Petersburger Musikliebhabern auftrat. Alexander Serow schrieb in einer Musik- und Theaterzeitschrift:

> Wieniawski hat uns zu Beginn seiner künstlerischen Karriere verlassen, doch schon damals gab er Anlass zu großen Hoffnungen; nun ist er im Glanz des europäischen Ruhms zu uns zurückgekehrt und ist ein Meister seines Fachs geworden. [...] Die ausländischen Zeitungen, die Wieniawski in eine Reihe mit Paganini und Joachim gestellt haben, haben diesmal tatsächlich nicht übertrieben [...], wir denken, dass Wieniawski heute in vielerlei Hinsicht Vieuxtemps überragt. [...] Alles hat sein Ende: Vieuxtemps hat das Szepter des Königs der Geiger lange in seinen Händen getragen, und nun tritt er zweifellos hinter Wieniawski zurück. In der Bewältigung der größten Schwierigkeiten hat er eine Perfektion erreicht, die einzig einem Paganini erreichbar war. [...] Wir haben die Hoffnung, dass Wieniawski in Petersburg bleibt, da es eine Schande für Russland wäre, einen Künstler in fremde Länder ziehen zu lassen, mit dem man sich rühmen kann und um den einen ganz Europa beneidet.[1]

Zum Glück für den Geiger bot er keinen Anlass zur Schande. Seine neue Stufe auf der Karriereleiter erklomm er im April 1860 – der »russische Untertan« wurde vom Theaterdirektor wohlwollend dem Zaren vorgestellt. Aus Wieniawskis Akten wissen wir, dass er den Titel eines »Sologeigers Seiner Kaiserlichen Hoheit« erhielt, mit einem Gehalt von 2300 Rubeln (1300 Rubel von der Theaterdirektion und 1000 Rubel aus einer Sonderkasse des Hofes), also genauso viel, wie Vieuxtemps zuvor verdient hatte (Kątski hatte kein Gehalt bezogen). Die Zustimmung kam sofort, und der Geiger unterschrieb seinen ersten Vertrag für die nächsten drei Jahre. Er verpflichtete sich, als Solist in Orchestern der Direktion bei allen Opern- und Ballettaufführungen zu spielen, bei Konzerten der Direktion sowie an der Salonmusik bei Hof mitzuwirken. Zu Wieniawskis Pflichten gehörte es auch, zwei Mal pro Woche in der Schule der Kaiserlichen

---

1 Muzykalnyj i Teatralnyj Vestnik 1860, Nr. 14, S. 111–112, zit. nach Grigoriew, Wieniawski, S. 115 f.

Theater eine Geigenklasse zu leiten. Während der Vertragslaufzeit hatte er Recht auf einen Jahresurlaub von vier Monaten. Interessant ist auch die »Konkurrenzklausel«, die der Künstler unterschrieb – Wieniawski erklärte damit, öffentlich auf keinen Veranstaltungen aufzutreten, die nicht von der Theaterdirektion organisiert wurden. Der Künstler bewirkte jedoch die Aufnahme einer Klausel, die besagte, dass jedes Jahr ein Tag in Petersburg und ein Tag in Moskau festgelegt werde, wo er Konzerte geben dürfe, deren Einnahmen ihm persönlich zugutekommen sollten.

Da die Konzertsaison schon ihrem Ende entgegenging, begann Wieniawski – wie es sich für einem unter einem glücklichen Stern geborenen Menschen gehörte – seine neue Arbeit mit Urlaub. Bevor er die Stadt verließ, erhielt er von Großfürstin Helene, bei der er auch Hofgeiger geworden war, ein kostbares Geschenk für seine Hochzeit mit Isabelle. Es bestand – wie zu lesen war – aus einem silbernen Kaffeeservice. Ehe er nach Paris gelangte, wo die Hochzeit stattfinden sollte, schaffte er es, noch in Wilna und in Warschau vorbeizuschauen und hier fünf Konzerte zu geben. Diesmal schrieb Józef Sikorski, der sich vor Jahren noch reserviert über den jungen Musiker geäußert hatte, im RUCH MUZYCZNY mit wahrer Begeisterung:

> Herr Wieniawski ist ein Zauberer, der nicht das mit dir tut, was du magst, sondern das, was er selbst will, und er pflegt eigentümliche, exzentrische und dabei bösartige Gelüste zu haben – als Zauberer. Wenn ihr es noch erleben werdet, dann denkt an unsere Worte – man wird Legenden über ihn schreiben wie über Tartini und Paganini.[2]

Nach den gelungenen Auftritten gelangte Wieniawski endlich über Berlin nach Paris. Dort muss es ein kostspieliges Fest gegeben haben, denn der Geiger bat sogar die russische Botschaft um eine Vorauszahlung eines Teils seiner bevorstehenden Einkünfte. Am 8. August 1860 fand die Feierlichkeit statt, in der zur britischen Botschaft gehörenden Kirche, derselben, in der einige Jahre früher Hector Berlioz die irische Schauspielerin Harriet Smithson geehelicht hatte. Unter den vielen ehrbaren Gästen – französischen Musikern und anderen Künstlern – war bei Wieniawskis

---

2 RUCH MUZYCZNY 20.6.1860.

Hochzeit auch kein Geringerer als Gioacchino Rossini zugegen; Anton Rubinstein führte die Braut zum Altar und Henri Vieuxtemps spielte auf der Geige das *Ave Maria*. Die Eheleute kehrten aus Paris direkt nach Sankt Petersburg zurück, diesmal über Lublin, um hier den Segen von Henryks Eltern zu erbitten, die nicht zur Hochzeit gekommen waren. In ihren Erinnerungen beschrieb Isabelle dieses Ereignis mit folgenden Worten:

> Da es keine Eisenbahn gab, reisten wir mit der Postkutsche nach Lublin, wo die Familie meines Mannes wohnte. Um 7 Uhr morgens waren wir an Ort und Stelle. Alles, was ich hier sah: die Sprache, die Kleidung, die ganz anderen Typen war für mich so neu, dass ich meine Müdigkeit vergaß. Der Schwiegervater und die Schwiegermutter begrüßten uns mit Brot und Salz, welches der Schwiegervater in einer silbernen Schüssel trug; dies ist in Polen und Russland die herzlichste Form der Begrüßung und der Gastfreundschaft.[3]

Bei dieser Gelegenheit schaffte es Wieniawski auch noch, in seiner Heimatstadt ein Konzert zu geben. Petersburg erreichten sie über Warschau. Aus dem Tagebuch der entzückten Isabelle wissen wir, dass auch Stanisław Moniuszko – der Vater der polnischen Oper – zu den Freunden ihres Mannes gehörte, und während eines geselligen Beisammenseins lernten sie darüber hinaus die berühmte Schauspielerin Helena Modrzejewska kennen.

---

[3] Aus dem unveröffentlichten Tagebuch von Isabelle Hampton-Wieniawska, zit. nach Reiss, Wieniawski, S. 65.

Ironie und Nonchalance an der Newa

Nach der Rückkehr nach Petersburg bezogen die Wieniawskis eine hübsche Wohnung in der Bolschaja-Morskaja-Straße, einer Querstraße des Newski-Prospekts. Die idyllische Atmosphäre wurde ein wenig durch die politische Stimmung in der Stadt gestört. Wer bürgerliche Freiheiten einforderte, wurde nach Sibirien verbannt. Zeuge einiger brutaler Szenen war Wieniawski selbst, und einen Vorfall während des jährlichen Universitätskonzerts am 23. Dezember 1860 beschrieb Isabelle in ihrem Tagebuch:

> Nach dem Konzert ging ich ins Künstlerzimmer. Mein Mann stellte mir einen jungen Professor vor, der gerade gesprochen hatte; er war noch sehr erregt und dankte Rubinstein und Wieniawski für seine Beteiligung am Konzert. Da ich die einzige Frau in dieser Gesellschaft war, schenkte er mir die Blumen, die er nach seiner Ansprache erhalten hatte. Am nächsten Tag erfuhren wir, dass er nach Sibirien verbannt worden war.[1]

Es kam auch vor, dass Wieniawski in der Universität vor Studenten spielte, sogar während der studentischen Unruhen, weshalb er eine Zeitlang selbst polizeilich überwacht wurde.
Diese Atmosphäre der Unruhe, von der Isabelle schrieb, wurde durch die Anwesenheit von Freunden aufgewogen. Dazu zählten Anton Rubinstein mit seiner Mutter und seiner Schwester, dessen als Pianist in Moskau tätiger Bruder Nikolai, der seinen Bruder besuchte, aber nicht nur. Mit Wieniawski freundeten sich auch der Pianist Teodor Leszetycki und der Tenor Giuseppe Mario mit seiner ebenfalls berühmten Gattin Giulia Grisi an. Wie es sich für eine gesellige Natur gehörte, liebte der Geiger gemeinsames Musizieren in Verbindung mit Vergnügen und langen Diskussionen. Die Samstagabende verbrachte er im Haus der Rubinsteins oder

---

1 Zit. nach Reiss, Wieniawski, S. 69.

bei Graf Mateusz Wielhorski, einem anerkannten Amateur-Cellisten und Kunstmäzen. Er war auch häufig bei anderen Gönnern und Aristokraten zu Gast, etwa bei Fürst Wladimir Odojewski, der mit Lipiński befreundet war, aber auch bei Baron Boris Vietinghoff-Scheel, der als Komponist dilettierte.

Musikalische Abende fanden zudem im Haus von Konstantin Ladow statt, dem Dirigenten des Mariinski-Theaters. Zuweilen gab Wieniawski Mini-Konzerte in der Buchhandlung seines Onkels Bolesław Maurycy Wolff, dessen Verlag und Geschäft am Newski-Prospekt 13 lagen. Hier versammelte sich die literarische Elite der Stadt: Fjodor Dostojewski, Iwan Turgenjew, Apollon Maikow, Alexander Ostrowski oder Michail Saltykow-Schtschedrin.

Relativ wenig wissen wir über seine Auftritte bei den Hofkonzerten, zumindest über ihre künstlerischen Aspekte. Dafür sind einige Anekdoten überliefert, darunter jene über die Begegnung mit dem Hund des Zaren. Wie Wieniawski erzählte – und die Zeitschrift Tydzień Literacki, Artystyczny, Naukowy i Społeczny berichtete –, trug sich das Geschehen im Winterpalast zu, wo er vor dem Zaren selbst auftreten sollte. Nachdem sich die Tür zu den Wohngemächern geöffnet hatte, zeigte sich den Augen des Geigers die hochgewachsene Figur des Zaren, doch seine Aufmerksamkeit wurde vielmehr von seinem Begleiter auf sich gezogen, einem frei herumlaufenden, schwarzen Ungetüm – einem Neufundländer. Dieser begann sich für die Geige zu interessieren und näherte sich Wieniawskis rechtem Arm. Der erschrockene Künstler hob sein Instrument höher, wodurch er den Hund nur noch stärker reizte, der sich schließlich aufrichtete und seine Pfote auf die Brust des vor Angst erstarrten Geigers legte. Schließlich soll der Zar gesagt haben:

– Ich fürchte, mein Hund steht Ihnen im Weg?
– Nein, Eure Majestät, ich fürchte vielmehr, dass ich dem Hund Eurer Kaiserlichen Majestät im Weg stehe.

Daraufhin lachte der Zar laut, stand auf, packte die Bestie am Halsband und schob den unerwünschten Musikliebhaber zur Seite.
Mit dem Zaren verbindet sich auch eine Anekdote über eine Violine, mit der er vor Wieniawski prahlen wollte. Dieser aber schätzte sie nach einem

kurzen Blick als »gutes Fabrikinstrument« ein, wodurch er den Herrscher aufgebracht haben soll. Mindestens mit dem Verlust seiner Stellung, ja vielleicht sogar mit der Verbannung hätte eine Begebenheit enden können, als sich der nicht ganz nüchterne Virtuose während einer Pause in der Italienischen Oper weigerte, in der Zarenloge das Solo aus dem dritten Akt der soeben aufgeführten Oper zu spielen. Am Ende spielte er es doch, musste aber am folgenden Tag den Zaren um Vergebung bitten.

À propos quasi-improvisierte Auftritte, die seinerzeit Opernaufführungen ergänzten: Einige jener von Wieniawski gespielten Solopartien wurden sogar im Druck veröffentlicht. So verhielt es sich mit dem Solo aus Léon Minkus' Ballett *Le Poisson d'or*, das in einer Bearbeitung von Cesare Pugni veröffentlicht wurde, mit Wieniawskis charakteristischen Stilmitteln: Staccato, Akkorden und Doppelgriffen. Viele Momente lassen an den früheren *Russischen Karneval* denken.

Capricen für die Geige

Von Anfang an betätigte sich Henryk Wieniawski pädagogisch in der 1859 von Anton Rubinstein gegründeten Russischen Musikgesellschaft. Hier gab es ein aus den besten Musikern bestehendes Quartett, zu dem sich der Pole als Primgeiger gesellte. Zu dem Ensemble gehörten noch der Geiger Johann Wilhelm Pickel, der Bratschist Hieronimus Weickmann – dem Wieniawski seine *Rêverie* für Viola widmete – und der Cellist Karl Schuberth. Schuberth wurde später durch Karl Dawidow ersetzt, den Tschaikowsky den »Zaren unter den Cellisten« nannte. Die kammermusikalische Betätigung kollidierte mit Wieniawskis Kalender bei Hof, doch schließlich erhielt er von der Theaterdirektion die Einwilligung, fünf Kammerkonzerte im Jahr geben zu dürfen. Rasch verwirklichte sich auch Rubinsteins Traum von der Gründung eines Konservatoriums. Die im Rahmen der Musikgesellschaft bestehenden Instrumentalklassen wurden zum Kaiserlichen Petersburger Konservatorium umgewandelt, das 1862 seinen Betrieb aufnahm. Zu den ersten Professoren dieser ältesten russischen Musikhochschule gehörten – unter Rubinsteins Leitung – unter anderem Leszetycki und Wieniawski, der Professor der Klassen für Violine und Kammermusik wurde. Bald bekam er mit Alexander Terajewitsch einen eigenen Assistenten und 1863 einen weiteren namens Johann Raab. Einer von Wieniawskis Schülern, der spätere Musikverleger Wassili Bessel, erinnerte sich folgendermaßen an seinen Unterricht:

> Insgesamt arbeitete er die erste Stunde lang sehr eifrig, die zweite Stunde weniger begeistert, und während der dritten Stunde war er schon völlig erschöpft – sein Unterricht dauerte zwei Mal in der Woche jeweils drei Stunden, also zusammen sechs Stunden für zwölf Schüler, eine halbe Stunde für jeden nach den damals geltenden Normen.

Wir erfahren auch ein wenig über das Temperament und die Methoden des Meisters:

Capricen für die Geige

Abb. 9: Henryk Wieniawski, Anton Rubinstein und Karl Dawidow, um 1861
(Archiv der Henryk-Wieniawski-Musikgesellschaft, Posen)

Um die Technik seiner Schüler zu verbessern, beschränkte er sich auf die bekanntesten Etüden. Musikalische Werke und Konzerte wählte er unvorsichtig aus, oft quälte er die Schüler mit besonders schwierigen Passagen, wobei er sich selbst unwahrscheinlich ereiferte und manchmal sogar beleidigende Worte verwendete (gegenüber den am wenigsten aufgeweckten Schülern).

Mit Bessels Aufzeichnungen liegt auch eine wertvolle Beschreibung des Aussehens, der Manieren und der sprachlichen Fähigkeiten des »großen Professors« vor, wie ihn sein Zögling nannte:

> Es war ein schöner, großgewachsener Mann mit ovalem Gesicht, exquisiten Zügen und wunderbaren Augen. Er trug lange Haare, die er stets hinter die Ohren kämmte. Seine Manieren und Bewegungen waren ausgesucht und einfach, so wie meistens bei gut erzogenen Menschen. Zudem konnte man ihm während des Unterrichts im Konservatorium den langjährigen Aufenthalt in Paris anmerken. [...] Darum war das Französische für ihn wie seine Muttersprache (das Polnische), aber er sprach auch recht gerne Deutsch und weniger gerne Russisch. Auch die englische Sprache beherrschte er gut. [...] Während des Unterrichts bemühte er sich Russisch zu sprechen, was notwendig war, da die meisten Schüler keine Fremdsprachen konnten; mit den anderen verständigte er sich gerne in anderen Sprachen.[1]

Im Jahr 1865 beendeten drei Schüler Wieniawskis das Konservatorium: Dmitri Panow, der später Assistent von Leopold Auer war, Konstantin Puschylow sowie Wassili Salin. Für seine Klasse schrieb Wieniawski seine *Études-Caprices* für zwei Violinen op. 18, bei denen es sich im Grunde um virtuose Duette handelt. Ihre Innovativität und Originalität beruht darauf, dass sie für zwei Geiger mit unterschiedlichen technischen Fertigkeiten komponiert sind: Die obere Stimme ist virtuos und für einen gut geübten Geiger geschrieben, während die untere Stimme leichter ist und als Begleitung dient. Von den acht Henri Vieuxtemps zugeeigneten Miniaturen wird die vierte – *Tempo di Saltarella* – am häufigsten aufgeführt, meistens in einer von Fritz Kreisler angefertigten Bearbeitung für Violine und Klavier.

Ebenfalls in Sankt Petersburg wurde am 7. Dezember 1862 das *2. Violinkonzert d-Moll* op. 22 erstmals vollständig aufgeführt, der Höhepunkt in Wieniawskis kompositorischem Schaffen. Zwar ist es technisch einfacher als das frühere Konzert, hat aber eine größere Popularität erlangt und

---

1 Wassili Bessel: H. F. Wieniawski. Zit. nach M. Findeisen: Wasilij Wasilewitsch Bessel, Sankt Petersburg 1909, S. 132–184.

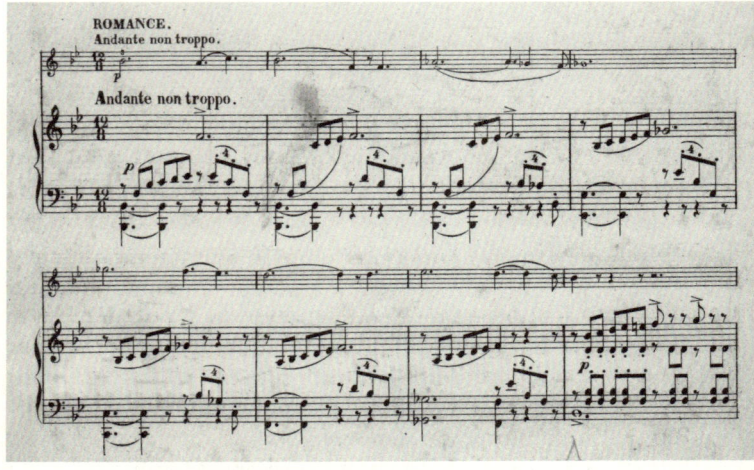

Abb. 10: Beginn des 2. Satzes (*Romance*) des *2. Violinkonzert*, Moskauer Notendruck von 1880 (Polona)

ist zu einem der klassischen Violinkonzerte des 19. Jahrhunderts geworden. Eine erste Fassung war bereits acht Jahre zuvor entstanden und sollte ursprünglich als op. 17 erscheinen. Die Uraufführung unter Leitung von Anton Rubinstein mit dem Komponisten als Solist war eher mit Reserve aufgenommen worden, obschon César Cui in einem Brief an Mili Balakirew schrieb: »Bis heute kann ich nach dem ersten *Allegro* seines Konzerts nicht zu mir kommen.«[2] Im März 1863 präsentierte Wieniawski das Pablo Sarasate gewidmete Konzert in Moskau, mit Richard Wagner als Dirigent. Diesmal waren die Reaktionen sehr viel positiver – seine Begeisterung über die Schönheit des Konzerts verbarg selbst Tschaikowsky nicht. Dennoch feilte Wieniawski noch einige weitere Jahre an seinem Werk. Es erschien schließlich 1879 im Verlag B. Schott's Söhne. Im Gegensatz zum Bravourstück des *Konzerts fis-Moll* überwiegen im *2. Konzert* die lyrischen Elemente und ein intimer Charakter. Die größere Zurückhaltung wird auch daran deutlich, dass der Komponist auf eine eigenständige virtuose

2   Brief vom 9.12.1862, zit. nach Grigoriew, Wieniawski, S. 145.

Kadenz verzichtete. Von den drei Sätzen sind besonders der *Romance* bezeichnete Mittelsatz mit seiner dramatischen Färbung und seinem liedhaften Charakter sowie das Finale, ein Rondo *à la Zingara* mit zigeunerisch-ungarischem Kolorit, bemerkenswert. Der ODESSKIJ WESTNIK von 1887 erinnerte an die Worte des Komponisten, der einen programmatischen Inhalt des *Konzerts d-Moll* nahelegte: »Tatsächlich, ich wollte ein kleines ländliches Bild malen: Im Sommer hat sich gegen Abend das Landvolk auf einer Lichtung versammelt und möchte tanzen; allgemeine Fröhlichkeit, Scherze, Lachen.«[3]

Aus dieser Zeit stammen auch zwei Mazurken, die zu einer Gruppe von Werken mit salonhafter Anmutung zählen. Sie tragen die Titel *Obertas* (im Erstdruck *Obertass*) und *Dudziarz* (der »Dudelsackpfeifer«, im Erstdruck mit dem französischen Titel *Le Ménétrier* – der Dorfmusikant) und sind beide als *Deux Mazurkas caractéristiques* op. 19 erschienen. Sie weisen deutliche Anklänge an die Volksmusik und polnische Volkslieder auf, in Anlehnung an den von Fryderyk Chopin oder Stanisław Moniuszko gepflegten Stil der Nationalmusik.

Im Konservatorium kam es unter den als Professoren tätigen Künstlern – wie dies nicht selten der Fall zu sein pflegt – immer wieder zu Streit, der jedoch freundschaftlich gelöst werden konnte. Eine kontroverse Frage, die von Rubinstein aufgeworfen wurde, war zum Beispiel, ob man den Schülern modisches Repertoire ohne künstlerischen Wert geben solle. Die Meinungen waren geteilt. Wieniawski war diesbezüglich nicht einer Meinung mit seinem Freund, doch gab es auch Dinge, in denen sie übereinstimmten. Dazu gehörte etwa die Meinungsverschiedenheit zwischen Rubinstein und Großfürstin Helene Pawlowna über die Führung des Konservatoriums. Der Pianist vertrat den Standpunkt, dass man die freie Kunst nicht durch administrative Normen einengen dürfe. Am 13. September 1867 legte Rubinstein sein Amt nieder, woraufhin es ihm – wie Wladimir Grigorjew schreibt – Wieniawski aus Solidarität nachtat. Magdalena Dziadek gibt allerdings nach Andrej Aleksejew-Boretzki einen ganz anderen Grund für die Entscheidung des Geigers an: Er habe im Dezember 1866 aufgrund eines Konflikts, der zwischen einem seiner Schüler und dem Inspektor der Lehranstalt ausgebrochen sei, auf die

---

3 ODESSKIJ WESTNIK 1887, Nr. 279, S. 2.

Anstellung im Konversatorium verzichtet. Die von Wieniawski bekleidete Stelle blieb bis 1868 unbesetzt.

Nicht ohne Bedeutung war auch, dass die pädagogische Arbeit beide Künstler an Konzertauftritten hinderte. Obwohl sich viele Menschen bemühten, darunter der Direktor der Russischen Musikgesellschaft und die Großfürstin höchstpersönlich, ließ sich Wieniawski nicht umstimmen. Mit Bedauern ließ er seine talentierten Schüler zurück, die zum Großteil von dem seit 1867 parallel zu Wieniawski am Konservatorium tätigen ungarischen Geiger Leopold Auer übernommen wurden. Er setzte die Schule des Violinspiels und das Erbe fort, das Wieniawski hinterlassen hatte, darunter auch die sogenannte russische Bogenhaltung, die Art des Bogenspiels und den Unterricht in Tonleitern. Es war Auer zu danken, dass Wieniawskis Tradition im Petersburger Konservatorium erhalten blieb.

Am 6. Oktober 2005 wurde auf Bestreben der polnischen Regierung am Gebäude des Konservatoriums, das sich seit Ende des 19. Jahrhunderts in einem Neorenaissance-Gebäude am Theaterplatz befindet, eine Gedenktafel für Wieniawski enthüllt: »1835–1880 / Henryk Wieniawski / Professor des Konservatoriums / von 1862 bis 1868. Dem großen polnischen Musiker seine Landsleute.«

Die Faust-Mode

Goethes Faust, der einen Pakt mit dem Teufel eingeht und ihm seine Seele verkauft, war in zahlreichen musikalischen Werken des 19. Jahrhunderts ein populäres Motiv. Er inspirierte viele Künstler zu Vokal- und Instrumentalwerken, von Liedern Ludwig van Beethovens (*Aus Goethes »Faust«* aus seinem op. 75) und Franz Schuberts (*Gretchen am Spinnrad* op. 2) über eine Konzertouvertüre von Richard Wagner *(Faust)* und Hector Berlioz' dramatischer Kantate *La damnation de Faust* bis hin zu Franz Liszts *Faust-Symphonie*. Von den vielen Opern sind jene von Louis Spohr, Charles Gounod und Arrigo Boito *(Mefistofele)* zu nennen. Besonders beliebt war Gounods Werk, das am 19. März 1859 im Pariser Théâtre-Lyrique uraufgeführt wurde und später in Dresden (1861), Mailand (1862), Paris (1862), London (1863), Philadelphia (1863), Petersburg (1864), Moskau (1866) und in einer Neufassung erneut in Paris (1869) auf die Bühne kam.

Höchst beliebt und modisch waren im 19. Jahrhundert auch von Verve und Dramatik erfüllte instrumentale Phantasie-Variationen über Themen aus bekannten Opern. Der Erfolg einer bestimmten Oper führte somit dazu, dass glänzende Virtuosenstücke entstanden. Einen Bezug auf Gounods Werk hatten unter anderem Violinphantasien von Jean-Delphin Alard (1869), Henri Vieuxtemps (1870), Charles Dancla (1870), Pablo Sarasate (1874) und auch Henryk Wieniawski (1865). Die dem dänischen König Christian IX. gewidmete *Fantasie brillante sur »Faust«* op. 20 entstand gegen Ende des für diese Gattung fruchtbaren Zeitraums. Wieniawski hatte bereits in den 1850er Jahren eine *Phantasie über ein Thema aus Meyerbeers »Der Prophet«* und ein *Konzert-Duett über ein Thema aus Grétrys »Richard Löwenherz«* geschrieben. Die Faust-Phantasie wurde von Wieniawski am 29. März 1865 in Petersburg mit dem Orchester des Großen Theaters unter Leitung Rubinsteins aufgeführt. Der Komponist hatte sie als eine ausladende dramatische Szene gestaltet. Das Werk besteht aus einigen kontrastierenden Teilen, die Material aus Gounods Oper aufgreifen (die

Die Faust-Mode

Abb. 11: Wieniawskis Faust-Phantasie op. 20 in einem Leipziger Notendruck des Verlags Kistner von 1868 (Polona)

Couplets von Mephistopheles, lyrisch-romantische Themen, ein Walzer), und bildet ein organisches Ganzes, das weit von vielen potpourrihaften Vertretern der Gattung entfernt ist. Die *Phantasie* zeichnet sich sowohl durch ihre ausdrucksstarke Kantilene als auch durch das extravagante Virtuosentum aus, das jedoch den Charakter der Opernmelodien nicht überdeckt, denn, wie es in einer Kritik hieß: »Man muss Wieniawski dafür dankbar sein, dass er sich entschieden hat, mehr zu zeigen als nur ein gewöhnliches Echo und dass er eigene Gedanken zu jenen hinzuzufügen versteht, die er von anderen entlehnt.«[4]

4   Nuvellist 1867, Nr. 7, S. 51–52.

Konzert-Urlaube

Nach drei Jahren in Petersburg wurde Wieniawskis Vertrag zu den gleichen Bedingungen verlängert. Doch schon Anfang 1866 bemühte er sich darum, Vertragsänderungen heraus zu verhandeln. Das war nicht leicht, doch gelang es ihm, eine Verlängerung seines Jahresurlaubs auf fünf Monate (ab April) und eine Gehaltserhöhung um 700 Rubel aus der Hofkasse zu erwirken. Allerdings sollte das Gehalt im Falle einer Krankheit des Künstlers von mehr als drei Wochen Dauer nicht ausbezahlt werden. Die Unterzeichnung eines weiteren Vertrags für die Jahre 1869 bis 1872 stellte sich dann als etwas schwieriger heraus, woran jedoch der Geiger selbst schuld war, da er aus der Ferne verhandelte, ohne in Petersburg zu sein. Im März 1868 war er zu Konzerten nach Moskau gereist und blieb 17 Monate fort! Die Urlaube waren für Wieniawski ungemein wichtige Phasen im Jahr, denn nur sie ermöglichten es ihm, sich restlos all dem zu widmen, was er liebte – und so konzertierte er in ganz Europa. Aber der Reihe nach.

Während seines ersten Urlaubs im Sommer 1861 hielt er sich gemeinsam mit Nikolai Rubinstein in London auf. Die Künstler traten sechs Wochen lang bei den Monday Popular Concerts sowie bei den Matineen von The Musical Union im Duett auf. In den Kritiken wurde vor allem die meisterhafte Interpretation von Beethovens *Kreutzer-Sonate* gelobt. Der Aufenthalt endete verfrüht, als die Kunde von der Geburt seines ersten Sohnes eintraf, der am 6. Juli 1861 auf die Welt kam, den Vornamen des Vaters erhielt, aber schon nach anderthalb Jahren starb. Der zweite Sohn Juliusz Józef wurde am 5. Juni 1863 geboren und lebte bis in die 1920er Jahre.

Wieniawski hielt sich 1864 erneut in London auf. Gemeinsam mit Joseph Joachim, den Pianisten Charles Hallé und Arabella Goddard, dem Cellisten Alfredo Piatti, der Sängerin Anna Leszetycka und dem Tenor Sims Reeves nahm er an einem Benefizkonzert zugunsten des in Schwierigkeiten geratenen Heinrich Wilhelm Ernst teil. Das Ereignis

Abb. 12: Henryk Wieniawski in den 1860er Jahren (Archiv der Henryk-Wieniawski-Musikgesellschaft, Posen)

des Abends war die Aufführung von Spohrs *Duo concertant* durch Wieniawski und Joachim. Es wurde nun zu einer Art Tradition, dass er jeden Sommer an der Themse weilte und hier konzertierte, denn hier hatte er ein treues Publikum. Ähnlich verhielt es sich mit dem Publikum in den Niederlanden. Er wurde in Utrecht, Den Haag und Amsterdam bejubelt und fand auch Zeit, um bei diesen Gelegenheiten in Brüssel und Lüttich zu spielen. Seine Landsleute vergaß er dabei nicht – am 9. Mai 1862 trat er im Pariser Hôtel Lambert, einem Zentrum des polnischen Exils, mit einem Konzert für die in Frankreich lebenden Polen auf.

1867 hielt er sich erneut in der »Stadt des Lichts« auf, nachdem er vom Hofminister die Erlaubnis für einen Auslandsurlaub vom 13. März bis 1. September erhalten hatte, um an zwei Konzerten im Pariser Konservatorium teilzunehmen. Zunächst begab er sich – wie auch in vielen anderen Jahren – auf eine Tournee durch Skandinavien. In Stockholm wurde er mit einem hohen königlichen Orden ausgezeichnet und zum Ehrenmitglied der Akademie der Schönen Künste ernannt. Als sich Wieniawski in Christiania (heute Oslo) aufhielt, schrieb ihn der große, ein Vierteljahrhundert ältere Ole Bull an und schlug ihm ein Treffen vor. Für beide war dies ein ungemein wichtiges Ereignis. In Paris, wo er Mendelssohns *Violinkonzert e-Moll* aufführte, fing er sich eine ernste Ohrenerkrankung ein, was zu Schwierigkeiten bei der Intonation führte und missratene Auftritte zur Folge hatte. Zusätzlich schlug der Umstand negativ zu Buche, dass nach vielen Jahren Professor Massart seinen alten Schüler hörte. Da Wieniawski indisponiert war, feierte diesmal Joachim in Paris Triumphe, den Wieniawski den »klassischen Scharlatan« nannte, da er mit Vorliebe klassisches Repertoire aufführte.

Nachdem er nach Sankt Petersburg zurückgekehrt war, traf Wieniawski mit Berlioz zusammen, der auf Einladung von Großfürstin Helene nach Russland gereist war. Für diesen Anlass übte er ein Werk des Gasts für Violine und Orchester ein – *Rêverie et Caprice* op. 8 – und führte es bei Kammerkonzerten in Anwesenheit des Besuchers auf. Die beiden Herren traten an 14. Dezember 1867 gemeinsam beim dritten Konzert der Russischen Musikgesellschaft auf, wo Berlioz dirigierte. Neben dem Werk des Franzosen spielte Wieniawski auch sein *Violinkonzert d-Moll*. Im selben Jahr wurde der Geiger zum Ehrenmitglied der Petersburger Philharmonischen Gesellschaft ernannt. Als Dirigent trat Wieniawski ein einziges Mal mit dem Petersburger Orchester auf – am 6. März 1868, als Wassili Besekirski Wieniawskis *Violinkonzert* aufführte. Wie dieser in seinen Aufzeichnungen 1910 notierte: »unter dem Dirigentenstab von Wieniawski zu spielen war überaus leicht, schließlich wird für uns Geiger ein Geiger als Dirigent stets der beste Begleiter sein, da er alle Finessen der Violintechnik kennt«.[1] Doch gab es bei diesem Anlass auch eine Überraschung. Besekirski erinnert sich, dass Wieniawski sich im Finale des Konzerts von der Phantasie mitreißen ließ, mit dem Taktstock seinen Geigenbogen traf und einige Haare daraus herausriss, die der Solist rasch und unbemerkt entfernte. Nach dem Auftritt hörte er von Wieniawski, dass er, wäre ihm so etwas passiert, den Bogen sicherlich zum anderen Ende des Saales geschleudert hätte.

Nach dem Ende der Opernsaison, am 22. März 1868, begab sich Wieniawski im Rahmen seines Urlaubs zu Konzerten nach Woronesch, wo er das Publikum enttäuschte, nach Charkiw, wo ihn die Menge bejubelte, und nach Odessa. In der Schwarzmeerstadt meldete sich die nicht ausgeheilte Ohrenerkrankung zurück. Ein erneuter Anfall von Taubheit zwang den Künstler dazu, seine Auftritte abzusagen und sich in Behandlung zu begeben. Er bat auch die Theaterdirektion darum, aus diesem Grund seinen Urlaub zu verlängern. In einem Brief vom 29. August schrieb er:

---

1 Wassili Besekirski: Iz zapisnoj knischki artista 1850–1910. Sankt Petersburg 1910, zit. nach Grigoriew, Wieniawski. S. 75.

Konzert-Urlaube

> Exzellenz. Seit etwa zwei Monaten leide ich an einem Taubheitsanfall, der vor allem Folge einer Erkältung nach einem Bad im Meer bei Odessa ist. Ich habe alle Arzneien probiert, zu denen mir die besten Ärzte an der Küste hier geraten haben, wie etwa Luft-Spritzen nach dem System Pulitzers (ein Spezialist aus Wien), anschließend Dampfspritzen, doch leider hat sich mein Gesundheitszustand nicht verbessert und derzeit halte ich mich auf der Krim auf, wo ich den Rat einer medizinischen Berühmtheit mit großer Autorität einholen möchte. Als Beleg füge ich Ihnen das Gutachten von Dr. Erhardt bei und bitte Sie, dies Seiner Exzellenz dem Herrn Direktor der Kaiserlichen Theater zu übersenden und sich für mich wegen einer Verlängerung meines Urlaubs bis mindestens zum 1. November einzusetzen, da ich dieses Leiden nicht vernachlässigen kann, das durch fehlende Mühen chronisch werden und meine gesamte Karriere beenden kann.[2]

Der Urlaub wurde lediglich um drei Wochen verlängert und die Lohnzahlungen ab dem 4. Oktober ausgesetzt. Freilich, Wieniawski kehrte im September zur Arbeit zurück – allerdings erst im September des folgenden Jahres! Er konnte sich das nur deshalb erlauben, weil er der größte Solist seiner Zeit war, dessen Anwesenheit bei Hof geradezu eine Nobilitierung desselben war. Nur so kann man sich die ungemeine Milde, das Verständnis und die Schwäche der Brötchengeber gegenüber dem Virtuosen erklären, die zu einer Verlängerung der Urlaube führte: Immer wieder drückte man ein Auge zu, wenn sich der Künstler längere Zeit lang nicht meldete, zuweilen datierte man auch Verträge vor, um die Abwesenheiten zu kaschieren.

---

2 Brief vom 29.8.1868, zit. nach Grigoriew, Wieniawski, S. 181.

Eine leichte Hand, oder Eine Schwäche für Kurorte

Ehe Henryk Wieniawski schließlich im September 1869 wieder nach Petersburg zurückkehrte, konzertierte er im Frühjahr 1869 in Konstantinopel, darunter im Dolmabahçe-Palast bei Sultan Abdulaziz, einem bekannten Musikfreund. Diesen Auftritt beschrieb die GAZETA POLSKA vom 25. Juni 1869. Aus dem Bericht geht hervor, dass es winterlich kalt war, weshalb man den Virtuosen in einen kleinen, durch einen Kamin beheizten Salon führte, in dem ein Flügel stand und wo der in einer Ecke verborgene Sultan auf sein Spiel wartete.

> Nachdem das erste Stück gespielt war, verlangte der Sultan ein zweites, dann ein drittes, bis es am Ende zweiundzwanzig wurden, Wieniawski die Kräfte schwanden und er in der Mitte abbrach [...], um ein Souvenir vom Sultan abzuholen, das aus zwei Säckchen mit je 100 Lira in Gold besteht, was rund 1800 rs [Silberrubel, d. A.] beträgt.[1]

Wenn man Wieniawski und sein Talent kennt, Geld zu verschleudern, erfreute er sich dieser Summe sicherlich nicht allzu lange. Wie sich der Vater des Künstlers beklagte, kümmerten sich weder Henryk noch Józef um ihre Groschen, und so talentiert und rechtschaffen sie waren – sie verloren immer alles im Nu. Diese Haltung verwundert nicht, wenn man sich etwa die Biographie Mozarts anschaut. Und ähnlich wie dieser hatte Wieniawski auch eine Schwäche für das Glücksspiel, was durch seine sommerlichen Aufenthalte in den europäischen Badeorten noch erleichtert wurde. Fast jedes Jahr verbrachte er in Kurorten wie Marienbad, Kreuznach, Ems, Wiesbaden, Bad Homburg oder Baden-Baden. Die Funktion dieser Orte war seit alters her dieselbe: Neben Kuren boten die rheinischen Bäder die Möglichkeit für Auftritte und ein reichhalti-

---

1 GAZETA POLSKA 25.6.1869.

ges gesellschaftliches Leben. Einen dieser Besuche hat im zweiten Band von *Kartki z mego pamiętnika* (Blätter aus meinen Lebenserinnerungen) Julian Wieniawski beschrieben, der mit seinem Bruder in Baden-Baden war:

> In dem mehrere hundert Menschen fassenden Saal kam alle Augenblicke einer von Henryks Bekannten auf ihn zu, und darunter waren sowohl die höchsten Würdenträger aus ganz Europa versammelt als auch die bescheidensten Künstler, die hier nur auf Durchreise waren. Ich konnte mir diese mit Sternen übersäten Herren betrachten, und die reizenden Frauen in Ballkleidern, in denen man sich stets zum Essen zeigte. Insbesondere an diesem Tag, als es am Abend Henryks Konzert geben sollte, war alles wie zu einer Feierlichkeit herausgeputzt.[2]

Aus Julians Bericht wissen wir, dass Henryk für jeden Abend 1000 bis 1500 Francs erhielt und dreimal in der Woche auftreten konnte. Er konnte nicht nur seinen gesamten Lebensunterhalt bestreiten, sondern auch etwas zurücklegen, allerdings – wie sein Bruder schrieb – »[…] ging die Solidität leider, wie meistens bei Künstlern, nicht mit seinem Künstlertum einher«.[3]

Am Roulettetisch verlor er seine Gagen, und einmal verpfändet er, in Schulden geraten, sogar seine Geige, die er nur dank der finanziellen Hilfe des Kunstmäzens François Van Hall wiedererlangen konnte. Oft spielte er Roulette gemeinsam mit Nikolai Rubinstein und Henri Vieuxtemps, an den er – wie die Anekdote will – beim Kartenspiel seine *Ballade et Polonaise* verloren haben soll, die Vieuxtemps dann angeblich als op. 38 in sein Werk aufnahm. In seinem Lieblingskasino in Wiesbaden wiederum, wo er sogar in Gegenwart des preußischen Königs Wilhelm I. gespielt haben soll, tüftelte er gemeinsam mit Nikolai Rubinstein und Leopold Auer ein »System« aus, durch das sie stets gewinnen würden. Anfangs machten sie sogar bis zu 500 Francs täglich, doch später führte dies – wie im Glücksspiel üblich – dazu, dass sie alles verloren.

---

2 Jordan [Julian Wieniawski]: Kartki z mego pamiętnika, 2 Bde., Warszawa–Kraków [1911], Bd. 2, S. 156.
3 Ebenda.

Rückkehr und Trennungen

Nach zehn Jahren Abwesenheit trat Henryk Wieniawski im Frühjahr 1870 erneut in Warschau auf. Er gab hier insgesamt drei Konzerte, zwei im Teatr Wielki und eines im Saal der Bürgerressource. Unter den Zuhörern befand sich neben Familie und Freunden unter anderem Stanisław Moniuszko. Beim Konzert in der Ressource traten neben Wieniawski auch sein Bruder Józef und die berühmte Schauspielerin Helena Modrzejewska auf, die Dichtung rezitierte. Die Brüder Wieniawski führten zusammen mit dem Cellisten Józef Goebelt Schuberts *Trio D-Dur* auf, zu zweit spielten sie zwei Sätze der *Kreutzer-Sonate*, und Henryk präsentierte solo die *Legende* und die *Polonaise*. Diese Warschauer Konzerte hat mit einer gewissen Belustigung Jan Kleczyński in der Zeitschrift BLUSZCZ beschrieben:

> Irgendwie sind Vergleiche aus dem Gebiet der Malerei en mode, um musikalische Begeisterung zu beschreiben. Ich selbst habe als ich über Wieniawski schrieb, gesündigt, indem ich sein Spiel mit der glitzernden Welle eines Sees verglich, wobei ich es den Erinnerungen an sein einstiges stürmisches Spiel gegenüberstellte, das gewissermaßen ein Widerhall der Meereswellen war. Aber auf diesem Feld ist der KURIER CODZIENNY ungleich weiter gegangen, als er Bericht über ein Konzert beider Brüder Wieniawski erstattete, das in den Redoutensälen gegeben wurde [...]. Hier ist der Reichtum an schmeichlerischen Vergleichen so groß, dass es gerechtfertigt ist, damit den Beginn des vorliegenden Artikels zu verzieren. Das Spiel des Herrn Henryk Wieniawski (schreibt der KURIER) hat sich uns wie eine Berglandschaft präsentiert, voller Felsen, Abgründe, Wasserfälle u. ä., also der wunderbaren und zugleich furchterregenden Natur [...]. Doch lassen wir die Witze sein, alle diese mehr oder weniger glücklichen Bemühungen, die erlebten Eindrücke plas-

tisch werden zu lassen, sind eben ein Beleg dafür, wie stark diese Eindrücke waren.[1]

Die Brüder Wieniawski sollten auch im April 1872 wieder in Warschau auftreten. Sie sollten – denn das Konzert fand nicht statt. Ehrengast sollte der Statthalter des Zaren sein, Graf Fjodor Berg, der dem Geiger, nachdem er ihn bei einem Konzert in Sankt Petersburg gehört hatte, einen Besuch in Warschau vorschlug. Als nun aber Wieniawski mit der Einladung in der Hand bei ihm vorstellig wurde, behandelte dieser ihn – wahrscheinlich, weil er sich an seinen Einfall nicht mehr erinnern konnte – recht kühl und geringschätzig und sagte, dass es in Warschau jetzt »eine Überflutung mit Konzerten« gebe.[2] Der hierdurch getroffene Künstler soll das Verhalten des Statthalters beim Verlassen von dessen Büro in Gegenwart seiner Adjutanten ironisch kommentiert haben. So jedenfalls schildert es Julian. Nach Wassili Besekirski hatte sich Wieniawski aufgeregt, weil er mehr als eine Stunde im Vorzimmer hatte warten müssen. Wie dem auch sei, Berg befahl ihm, die Stadt sofort zu verlassen. Da er sich mit der erlittenen Erniedrigung nicht abfinden konnte, wollte Wieniawski dem Zaren nicht länger dienen. Der Warschauer Vorfall half ihm dabei, seine nicht einfache Entscheidung zu treffen, den Vertrag mit dem russischen Hof aufzulösen. Am 4. Juni 1872 gab der Künstler noch ein letztes Konzert in Sankt Petersburg. Einige Tage später verließ er Russland.

1 BLUSZCZ 13. (25.) 5.1870.
2 Ebenda.

American dream:
Triumph auf der anderen Seite des Ozeans

Im 19. Jahrhundert wurde die Neue Welt für viele Virtuosen und Sänger zu einem wichtigen und häufig ersehnten Punkt auf der Landkarte der Konzertreisen. Abgesehen von den großen Erfolgen, die europäische Künstler hier erzielten, war auch nicht unbedeutend, dass man in Amerika viel mehr Geld verdienen konnte als auf dem alten Kontinent. Eine Tournee durch die Vereinigten Staaten hatte in den 1830er Jahren schon Paganini geplant, doch war sie nicht zustande gekommen. Andere hatten mehr Glück. Zu einem Bewunderer und Liebling Amerikas wurde Ole Bull, der hier zwischen 1843 und 1845 auftrat. Überall bejubelt, wo er auftauchte, wurde er vom THE NEW YORK HERALD »Geigenfürst« genannt. Der Norweger hatte bei seiner Konzertreise kleinere und größere Städte aufgesucht, sowohl in den USA als auch in Kanada und auf Kuba. 1852 kehrte er nach Amerika zurück, mit der Absicht, im gebirgigen Teil von Pennsylvania Land zu kaufen, um dort eine norwegische Kolonie zu gründen. Der Geiger warb aus seiner Heimat Siedler an, die mit dem Bau einer Siedlung mit dem Namen Oleana – auch »Neu Norwegen« genannt – begannen, und er selbst schickte sich an, hier ein eigenes »Schloss« zu errichten. Doch das ganze Unterfangen endete mit einem finanziellen Fiasko, und Bull war 1857 dazu gezwungen, in sein Vaterland zurückzukehren.
Eine zweijährige Rundreise durch Amerika absolvierte auch die »schwedische Nachtigall« genannte Sopranistin Jenny Lind. Einer ihrer Auftritte wurde sogar von Emily Dickinson beschrieben. Die berühmte Primadonna Adelina Patti wiederum, die ebenfalls in amerikanischen Städten Triumphe feierte, sang bei ihrer Tournee 1862 sogar im Weißen Haus für Präsident Abraham Lincoln und seine Frau Mary Todd. Als einträgliches Pflaster erwies sich Amerika auch für den »Paganini des Kontrabasses«, Giovanni Bottesini. 1846 schlug ihm der Geiger und Dirigent Luigi Arditi bei einer Begegnung in Havanna vor, sich seiner

Abb. 13: Henryk Wieniawski, um 1874
(Archiv der Henryk-Wieniawski-Musikgesellschaft, Posen)

Operntruppe anzuschließen, die er damals leitete. In den folgenden Jahren führten sie ihre Wege nach Boston, New York und Philadelphia, wo sie unter anderem Opern von Verdi aufführten, die das Musikleben in Nordamerika nachhaltig prägten. Auch Henri Vieuxtemps konzertierte in der Neuen Welt – er absolvierte nicht weniger als drei Tourneen durch die Vereinigten Staaten. Von seinem ersten Aufenthalt in den Jahren 1843 und 1844 zeugen Werke wie *Yankee Doodle. Souvenir d'Amérique* op. 17 sowie *Greeting to America* op. 56.

Kein Wunder also, dass auch Wieniawski von einer Amerikareise träumte. Und er erhielt verschiedene Angebote. Schon 1871 hatte er mit dem Impresario Bernard Ullman über einen Zweijahresvertrag gesprochen. Der nächste Vorschlag kam Mitte des folgenden Jahres, als der aus Mähren stammende amerikanische Opernimpresario Maurice Grau ein künstlerisches Ensemble rund um Anton Rubinstein zusammenstellte. Bei seiner Entscheidung war Wieniawski die Kündigung in Petersburg behilflich. Er nahm das Angebot also an, auch wenn er akzeptieren musste, dass nicht sein Name der wichtigste auf den Plakaten sein würde. Nach der Vertragsunterzeichnung bei einem Wiener Rechtsanwalt wurde er Teil der Truppe, zu der neben ihm und seinem Pianistenfreund noch die Sopranistin Louise Liebhardt, die Altistin Louise Ormeni-Jakobovits sowie deren Begleiter Ludwik Rembieliński gehörten.

Wir wissen aus Rubinsteins Erinnerungen, dass sein Honorar 200 000 Francs betrug und dass Wieniawski eine halb so hohe Summe erhalten sollte. Nachdem er sich um den Verbleib seiner Familie gekümmert hatte, verließ der Geiger am 31. August 1872 mit den übrigen engagierten Musikern an Bord des Dampfers »China« den Hafen von Liverpool. Am 10. September kamen sie an. Wie Catherine Drinker Bowen in ihrem Buch *Free Artist: The Story of Anton and Nicholas Rubinstein* schreibt:

> Anton Rubinstein, missmutig, erschöpft und gerädert nach zehn Tagen Seekrankheit, wurde von Wieniawski geführt, der seine Geige in der Hand hielt. Wieniawski schien kein bisschen zerschlagen zu sein und sah so gepflegt aus wie Anton gleichgültig. Majestätisch, in dunkler Kleidung, mit einer Schleife im Knopfloch und seinem schwarzen Schnurrbart wirkte er Zentimeter um Zentimeter wie ein Künstler und wie ein Weltbürger.[1]

Das erste der vier New Yorker Konzerte fand zwei Wochen später statt, am 23. September in der Steinway Hall, die einige Jahre zuvor eröffnet worden war und dem berühmten Klavierfabrikanten William Steinway gehörte. Hier hatten bis zum Bau der Carnegie Hall die New Yorker Philharmoniker ihren Sitz. Auf dem Programm des Abends stand unter anderem Mendelssohns *Konzert e-Moll*, aber auch *Souvenir de Moscou* und die *Legende*. Der Kritiker der NEW YORK DAILY TRIBUNE schrieb in seiner Besprechung am 24. September:

> Rubinstein hat einen hervorragenden Gefährten in Gestalt des Herrn Wieniawski. Dieser bedeutende Künstler hat all unsere Er-

---

[1] Catherine Drinker Bowen: »Free Artist«. The Story of Anton and Nicholas Rubinstein, Boston, Toronto 1939, S. 234.

wartungen übertroffen, was Geiger betrifft. Vielleicht nicht so, wie dies Rubinstein im Vergleich zu anderen Pianisten tut, aber mit Sicherheit hat er Ole Bull und Vieuxtemps weit hinter sich gelassen. Sein Stil trägt die Spuren von Paganinis romantischer Schule, viel stärker als die anderer Schulen. Doch verbindet er in sich die Faszination für diese Schule mit Anmut und klassischer Haltung. Wieniawski ist ein Künstler, der die Kunst ehrt und weiß, wie man sie nicht durch die eigene Person dominiert.[2]

Rasch trat er auch aus Rubinsteins Schatten heraus. Wie der Verfasser einer Kritik bemerkt, die am 28. September in THE NEW YORK HERALD erschien:

Wenn irgendjemand noch einen Zweifel an der Größe des Talents von Rubinstein und Wieniawski gehabt hat, dieser beiden zwillingsartigen Genies der Instrumentalmusik, so haben sie sich gewiss während des dritten Konzerts gestern Abend verflüchtigt. [...] Wieniawskis Name als Musiker verdient es voll und ganz, neben dem von Rubinstein zu stehen.[3]

In der NEW YORK TIMES hieß es hingegen, dass Wieniawski mit dem Schöpfer der ozeanischen Symphonie verglichen werden könne (gemeint war Rubinsteins *2. Symphonie C-Dur »Der Ozean«* von 1851). Wieniawskis Triumphtour führte über Philadelphia, Boston, Chicago, Cincinnati, Cleveland und Washington. Innerhalb von acht Monaten gaben er und Rubinstein 1872 und 1873 215 Konzerte und spielten in 50 Städten der Ostküste. Alleine in New York traten sie fast 50 Mal auf, und sie spielten auch in Toronto, wo ein Kritiker von THE MAIL schrieb, dass Wieniawski genauso viel wenn nicht mehr Begeisterung als der große Pianist hervorgerufen habe.

Rubinstein hielt den Druck nicht aus, der sich aus den unaufhörlichen Auftritten und ermüdenden Reisen ergab. Nach dem Konzert in New York am 22. Mai 1873 beschloss er, seinen Vertrag nicht zu verlängern und nach Europa zurückzukehren. Zur Verwunderung seines Freundes

---

2 NEW YORK DAILY TRIBUNE 24.9.1872.
3 THE NEW YORK HERALD 28.9.1872.

entschied sich sein kränkelnder Freund Wieniawski, noch zu bleiben und die Westküste zu erobern. Bei den Auftritten wurde er von der berühmten österreichischen Sopranistin Pauline Lucca begleitet. Rubinstein erinnerte sich:

> Der Mensch ist ein elendes Wesen – für Geld macht er alles. Was hat mich auf den Gedanken an die menschlichen Schwächen gebracht? Wieniawski war ein sehr kranker Mensch. Während seines Aufenthalts in Sankt Petersburg war er wegen seiner schwachen Gesundheit oft nicht zur Arbeit erschienen: Einmal kam er, zehnmal ließ er es bleiben. Aber hier, in Amerika, hat er einen Vertrag. Kommst du nicht – zahlst du 1000 Francs. Also glaube mir, dass er in den acht Monaten kein einziges Mal krank war. [...] Mir wurde über diese acht Monate auch nie etwas abgezogen. Möge der Herrgott jeden vor einer solchen Sklaverei verschonen. Hier ist kein Platz für die Kunst: Eine reine Fabrikarbeit. Der Künstler verliert seine Würde – Geld und nichts mehr.[4]

Rubinstein sollte die Staaten nie mehr besuchen.
In Kalifornien war der wichtigste Aufenthaltsort für Wieniawski San Francisco, wo er am 18. Juni in der Pacific Hall auftrat, schon nach seiner Trennung von Rubinstein. In einer Kritik im DAILY ALTA CALIFORNIA vom 19. Juni steht zu lesen:

> Der Star des Abends war Wieniawski. Sein Stil ist eine Mischung der klassischen und der romantischen Schule, aber es gibt darin keinerlei Tricks, wie sie gelegentlich von den modernen Geigern angewendet werden. Dennoch hält sich Wieniawski im Unterschied zu anderen Künstlern nicht streng an die Grundlagen dieser Schule, und sein Spiel besitzt einen eher emotionalen, individuellen Charakter, der das Publikum verzaubert und mitreißt. [...] Nach dem Ende des Stücks [»*Faust*«-*Phantasie*, d. A.] bebte das ganze Theater buchstäblich vor Applaus. Als Reaktion auf die sich hinziehenden Bitten um eine Zugabe spielte der große Maestro eine zauberhafte

---

4 Grigoriew, Wieniawski, S. 198

Melodie mit Variationen über *Willie, we have missed you*, überaus empfindsam und mit Gefühl.[5]

Es hat sich auch ein polnischer Bericht über den Aufenthalt in dieser Stadt erhalten. In einer Korrespondenz im OPIEKUN DOMOWY vom 20. August 1873 heißt es, dass

> die Straße, auf der er stehenblieb, sich mit Mengen von Publikum füllte, und das Theaterorchester spielte ihm vor den Fenstern eine Serenade, dann folgten nicht enden wollende Rufe zu seinen Ehren [...]. Man erinnert sich dort nicht, dass irgendein Künstler jemals mit solcher Begeisterung empfangen wurde und dass die Säle bei seinen Konzerten so überfüllt waren.[6]

Aus demselben Bericht erfahren wir, dass in San Francisco eine aus acht Abschnitten bestehende, englischsprachige Broschüre erschien, »gewissermaßen eine kritische Studie über Herrn Wieniawski«, die heute leider nicht mehr auffindbar ist. Die überaus freundliche Aufnahme in der Stadt führte dazu, dass als Dank das kleine Stück *Souvenir de San Francisco* entstand, das auf Motiven amerikanischer Lieder beruhte, 1874 von Morrison gedruckt wurde und Frau Conchicia Blum Gomez gewidmet war. Doch weder das Manuskript noch der Notendruck konnten bis heute gefunden werden. Im März 1874 gab Wieniawski noch Abschiedskonzerte in New York. Auf seiner Heimreise nach Europa legte der Künstler höchstwahrscheinlich Station in Havanna ein, wo er aufgetreten sein soll, so wie Jahre zuvor sein Bekannter, der Kontrabassist Bottesini. Es ist nicht bekannt, wann er die westliche Hemisphäre wirklich verließ, doch im August war er in London wieder glücklich mit seiner Familie vereint und trat bei einem Promenade Concert im Covent Garden auf.

---

5 DAILY ALTA CALIFORNIA 19.6.1873.
6 OPIEKUN DOMOWY 20.8.1873.

Brüsseler Pflichten

Die Geschichte, wie Henryk Wieniawski seine Stelle am Conservatoire royal de musique in Brüssel annahm, ist voller überraschender Wendungen und Unwägbarkeiten. Der Vorschlag traf ein, als sich der Künstler noch in Amerika aufhielt. Über die telegraphische Einladung des Geigers berichtete THE NEW YORK TIMES:

> Herr Gevaert, ein bedeutender Musiker, der das Brüsseler Konservatorium leitet, sichert sich durch die Einladung des Herrn Wieniawski die Zusammenarbeit mit dem einzigen Künstler, dessen Anwerbung als klassischer Geiger mit sensibler Vorstellungskraft und gutem Geschmack sowie mit Sympathie zum Geist der Neuzeit vor allen anderen nur zu angemessen ist.[1]

Vor Wieniawski war, seit 1871, Henri Vieuxtemps Professor in Brüssel gewesen. Man kann zuweilen den Eindruck haben, als sei der Pole den Spuren des 15 Jahre älteren Kollegen gefolgt – Paris, Sankt Petersburg, Amerika, Brüssel… Doch waren dies schlicht und ergreifend die Orte, die von den großen Geigern gerne aufgesucht wurden, weil sie ihnen die besten Möglichkeiten boten. Außerdem schreibt das Leben seine eigenen Drehbücher, ganz egal wie die Pläne eigentlich aussahen. Im Januar 1874 informierte die deutsche Presse über eine Erkrankung des belgischen Geigers. Aufgrund eines Schlaganfalls war seine rechte Hand gelähmt, weshalb er seine Stelle aufgeben musste. In weiteren Presseberichten hieß es zwar, dass Wieniawski Professor am Konservatorium werden solle, doch würde die Leitung darauf bestehen, dass Vieuxtemps sein Amt weiter ausüben solle. Schließlich trat der Belgier aber zurück und ließ sich in Paris

---

1 Nach den unveröffentlichten Aufzeichnungen von Izabela Hampton-Wieniawski, zit. nach: Edmund Grabkowski, Romuald Połczyński: Henryk Wieniawski (Serie »Klasyka na CD«), Towarzystwo Muzyczne im. Henryka Wieniawskiego w Poznaniu, Poznań 2001 (mit einer CD mit 15 Aufnahmen von Preisträgern des Wieniawski-Wettbewerbs).

nieder; ein zweiter Schlaganfall 1879 beendete seine Karriere endgültig. Da eine offizielle Einladung noch ausstand, konzertierte Wieniawski von September bis November in den Niederlanden, wo er unter anderem Rotterdam, Den Haag, Amsterdam, Arnheim und Maastricht besuchte. Er hielt sich sogar einige Tage lang auf Schloss Het Loo auf, der Sommerresidenz von König Wilhelm III., von dem er seine bereits dritte wichtige niederländische Auszeichnung entgegennahm: den Orden des Goldenen Löwen. Nach seinem Aufenthalt in den Niederlanden kehrte Wieniawski noch für kurze Zeit nach London zurück. Immer noch auf eine Entscheidung wartend, trat er in der Zwischenzeit in Manchester, Liverpool und Dublin auf. Schließlich kam der ersehnte Tag, und Ende November erhielt Wieniawski die lange erwartete Einladung vom Direktor des Konservatoriums, François-Auguste Gevaert, einem geschätzten belgischen Musikschriftsteller und Komponisten. Am 1. Dezember traf der Künstler in Brüssel ein und war hier schon wenige Tage später zu hören. Bei einem Konzert der Association des artistes musiciens im Saal der Grande Harmonie erhielt er einen Ehren-Geigenbogen und einen Lorbeerkranz. Nach seinen begeistert bejubelten Auftritten hieß es schon Ende Dezember, dass Wieniawski Nachfolger von Vieuxtemps geworden sei und eine Klasse im Konservatorium übernehme. Der Pole erhielt sogar zwei Klassen – für Violine und für Streichquartett.

Die begabtesten Schüler Wieniawskis am Konservatorium kamen aus dem Ausland, was die belgische Presse beklagte. So schrieb LE GUIDE MUSICAL im Juli 1875:

> Es stimmt, dass die belgischen Schüler aus der Violinklasse von Herrn Wieniawski des Rechtes beraubt wurden, des Meisters Unterricht zu besuchen, und zwar wegen dreier Holländer, eines Russen und eines Amerikaners, mit denen sich der Professor ausschließlich beschäftigt. [...] Wir verstehen, dass Herr Wieniawski es vorzieht, sich derjenigen Schüler zu rühmen, die seinem Namen Ehre machen, doch wir verstehen nicht, warum er einheimische Schüler zugunsten von Ausländern vorzieht, die erst kürzlich hier eingetroffen sind.[2]

---

2 LE GUIDE MUSICAL 15.–22.7.1875.

Bei diesem Amerikaner, von dem hier die Rede war, handelte es sich um den Sohn eines jüdischen Juweliers aus San Francisco mit Namen Leopold Lichtenberg, ein Talent, das Wieniawski schon während seines Aufenthalts in den Staaten entdeckt hatte. In seinem zwölften Lebensjahr wurde Leopold Wieniawskis Schüler und begleitete ihn auf seiner amerikanischen Tournee. Anschließend reiste er seinem Meister nach Brüssel nach. Im September 1875, nach einem Vortragsabend von Wieniawskis Geigenklasse, kommentierte LE GUIDE MUSICAL den 14-jährigen Geiger kurz und knapp: »Ein wahres Wunder!« Er erhielt am 31. Juli 1876 bei der Beendigung des Schuljahrs den höchsten Preis. Vor allem aber vergaß er seinen Meister nach der Rückkehr in die Staaten nicht und spielte dessen Werke bei seinen Konzerten. Lichtenberg war auch bestrebt, in den Vereinigten Staaten viele Werke Wieniawskis herauszugeben und rettete zwei Kadenzen Wieniawskis zu Violinkonzerten von Viotti vor dem Vergessen. Es handelt sich um die 1904 veröffentlichten Kadenzen zum *Violinkonzert Nr. 22 a-Moll* (1861) und zum *Violinkonzert Nr. 17 d-Moll* (1862). Andere bedeutende Schüler waren Arma Senkrah (die später eine bekannte konzertierende Geigerin wurde), Izydor Schnitzler, Nikolai Galkin (der Professor am Konversatorium von Sankt Petersburg wurde), Karl Gregorowitsch (der als Geiger Erfolg hatte), Eberfeld Katz, Werner Edward Heimendahl (später Professor am Konservatorium von Baltimore) und Willem Kes (der sich als Dirigent und Geiger einen Namen machte). Privatstunden bei Wieniawski nahm außerdem der Belgier Eugène Ysaÿe – der sich zu einem berühmten Virtuosen, Komponisten und Dirigenten entwickeln sollte, ebenfalls Professor am Brüsseler Konservatorium wurde und sich den Beinamen »König der Violine« erwarb. Wie Ysaÿe meinte, hatte er seine technische Meisterschaft dem polnischen Lehrer zu verdanken. »Ysaÿe erklärte, dass ihm Wieniawski genaue Anweisungen gegeben habe, unter anderem zur Bogenführung und dazu, die ›rhythmische Dynamik‹ zu vergrößern, was der junge Geiger bereits instinktiv aufgriff«, wie sich sein Sohn Antoine Ysaÿe erinnerte.[3]

Die herausragenden Ergebnisse der pädagogischen Arbeit und die gute Stellung des Künstlers in Brüssel bewegten ihn, seine Familie aus London

---

3 Antoine Ysaÿe: Eugène Ysaÿe. Sa vie – son œuvre – son influence, Bruxelles, Paris 1947, S. 50, zit. nach Grigorjew, Wieniawski, S. 181.

nachkommen zu lassen. Sie zogen in den Brüsseler Stadtteil Ixelles an die Rue de Florence 24. Mit seinem Kollegen am Konservatorium, dem französischen Pianisten Louis Brassin, bildete er ein Kammermusikensemble und gründete die Reihe von Kammermusikabenden der Union instrumentale. In Anerkennung seiner Verdienste erhielt Wieniawski weitere Auszeichnungen. Aus Sankt Petersburg erreichte ihn die Kunde, dass man ihm den St. Annen-Orden verliehen habe, und der König der Belgier würdigte ihn mit dem Leopold-Orden. Er unterrichtete am Konservatorium, ohne seine Konzerttätigkeit zu unterbrechen. Wichtig waren vor allem die Konzerte in Paris im Januar 1875, bei denen er mit seinen alten Bekannten aus Russland auftrat, mit Karl Dawidow und der Gattin Teodor Leszetyckis, Anetta Jesipowa.

Einige Kritiker wiesen allerdings darauf hin, wie maniert und effekthascherisch er spiele, was als Ergebnis seiner amerikanischen Tournee gedeutet wurde. In LA REVUE ET GAZETTE MUSICALE DE PARIS war zu lesen:

> Die Aufführung der *Romance* wäre tadellos, wäre sein Stil nicht so launisch, wohl ein Zugeständnis an das Publikum, obschon das nicht nötig gewesen wäre. Das ist aber nur eine Kleinigkeit, denn Wieniawskis Talent ist der höchsten Anerkennung wert.[4]

Im Mai 1875 war der Geiger wieder beim niederländischen König in seiner Residenz Het Loo zu Gast, wo er gemeinsam mit Liszt auftrat. Im Januar 1876 reiste er nach Warschau, um hier drei Konzerte zu geben. Ziemlich streng urteilte nun der Komponist Władysław Żeleński über ihn. Im hauptstädtischen Wochenblatt KŁOSY schrieb er:

> Die *Romanze* von Beethoven und ein *Präludium* von Bach wurden tadellos wiedergegeben. Nur eine Bemerkung erlauben wir uns aufgrund gewisser Hinzufügungen zu machen, die Herr Wieniawski dort zu spielen pflegt, wo ein Werk *pianissimo* endet. Diese zusätzlichen Akkorde, *pizzicato*, sind am Ende von Beethoven und Bach nervend. Durch die Gnade eines Laub, Wilhelmi oder Joachim haben wir uns an eine so vorbildliche Klarheit des Stils gewöhnt, dass uns alles, was nach Manier und nach einer gewissen Koketterie

---

4 LA REVUE ET GAZETTE MUSICALE DE PARIS 10.1.1875.

riecht, nicht schmeckt. Zudem spielte Herr Wieniawski für den tosenden Applaus zwei neue *Mazurken* von sich selbst, die durch eine ausgezeichnete Ausführung zur Geltung kamen, aber als Kompositionen ohne größeren Wert sind.[5]

Am 5. März 1876 wurde Wieniawski in LA REVUE ET GAZETTE MUSICALE DE PARIS für seine Aufführung von Beethovens *Violinkonzert D-Dur* im Pariser Konservatorium gelobt. Man hob hervor, dass er »mit der ihm eigenen mechanischen Perfektion« gespielt habe, »voller Klang und einem schönen *cantabile*, was aus seinem Talent eines der komplettesten macht, die wir kennen. Die große Kadenz, die er an den ersten Satz des Konzerts hinzufügte, war sein eigener Gedanke, mit künstlerischem Empfinder geschrieben und blendend gespielt«.[6] Nach Meinung des Kritikers habe sich der Geiger jedoch dazu hinreißen lassen, dem Publikum zu gefallen. Einen Monat später wurde er wieder gerühmt, als er im Théâtre Italien eine wunderbare Interpretation von Vieuxtemps *Violinkonzert Nr. 5 a-Moll* op. 37 präsentierte, unter Leitung des Komponisten selbst. Bald nachdem er nach Brüssel zurückgekehrt war, reiste Wieniawski im Mai 1876 nach London, wo er ernsthaft erkrankte, weshalb die Londoner Presse sogar über sein Ableben berichtete. In einem Brief an Nikolai Rubinstein vom 23. Oktober schrieb er mit seinem typischen Humor:

> Wenn Du Zeitungen liest, so hast Du vielleicht schon heimlich eine Träne über den Freund vergossen, dessen vorzeitigen Tod schlecht informierte Journalisten und Nachrufe vermeldeten. Tatsächlich war ich hier in London ernstlich, ja sogar gefährlich krank, aber von diesem Tod trennt mich noch eine Kadenz, die ich für meine Annehmlichkeit so lange wie möglich hinauszögere.[7]

Aufgrund seiner Erkrankung beantragte Wieniawski von London aus beim Direktor des Konservatoriums einen einjährigen Urlaub, um seine Gesundheit, aber auch die Finanzen zu retten. Doch schon am 16. November spielte er im Saal des Leipziger Gewandhauses und anschließend

---

5 KŁOSY 15.(27.)1.1876.
6 LA REVUE ET GAZETTE MUSICALE DE PARIS 5.3.1876.
7 Brief von 23.10.1876, zit. nach Grigoriew, Wieniawski, S. 207.

Abb. 14: Plakat für das Abschiedskonzert Henryk Wieniawskis in Lemberg, bei dem er am 9. Februar 1877 von Arthur Nikisch am Klavier begleitet wurde (Polona)

in Wien. Er trat gemeinsam mit der herausragenden schwedischen Sängerin Christina Nilsson und seinem Freund Pablo Sarasate auf. Eine weitere Konzertreihe war für Dezember in Prag, Brünn, Graz, Budapest und Preßburg angekündigt. Doch ein weiterer Schlaganfall durchkreuzte diese Pläne. Nachdem er wieder zu Kräften gekommen war, trat der Künstler am 26. Dezember in Prag auf, und den Januar 1877 nutzte er für Auftritte in Wien und Prag. Der Prager Korrespondent des MUZYKALNYJ LISTOK schrieb: »Henryk Wieniawski ist nach seiner Rückkehr aus Wien erneut erkrankt. Er hat einen so starken Rheumatismus im rechten Arm, dass das von ihm angekündigte Konzert zwei Mal abgesagt werden musste.«[8] Seine Konzertreise nach Lemberg war deshalb gefährdet, doch enttäuschte Wieniawski seine Landsleute nicht. Mit Arthur Nikisch am Klavier trat er in der Hauptstadt Galiziens nicht weniger als sieben Mal auf, gleich

8   MUZYKALNYJ LISTOK 1876, NR. 7, S. 108.

darauf folgten zwei Konzerte in Krakau. Am 20. Februar 1877 hieß es in der Krakauer Zeitung Czas:

> Wieniawski ist ein Zauberer, der zum Leben erweckt, was immer er auch berührt, oder vielmehr eine künstlerische Natur, die überreich mit höherem Gefühl, ausgesuchtem Geschmack, Enthusiasmus, Energie und Verträumtheit ausgestattet ist – eine stets neue Natur voller Überraschungen. Manchmal spielt er mit den Tönen wie ein indischer Magier mit goldenen Kugeln, aber er singt auch eine schöne, wahre Musik.[9]

Aus Krakau reiste Wieniawski sofort nach Budapest, wo er Liszt wiedertraf. Am 25. Februar organisierte der Ungar einen feierlichen Empfang, an dem sich auch der junge Jenő Hubay beteiligte, der bald schon als Geiger zu Ruhm kommen sollte. Er hatte als Schüler von Joachim begonnen und war von Liszt eingeladen worden, eine Violinklasse an der von ihm gegründeten Musikakademie in Budapest zu leiten.
Hubay selbst erinnerte sich an die Begegnung mit dem Polen bei der von Liszt gegebenen musikalischen Matinee:
An einem Sonntag spielte ich das damals noch ganz unbekannte *Rondo capriccioso* von Saint-Saëns. Nachdem ich dieses Werk gespielt hatte, das Liszt und dem Publikum außerordentlich gefiel, drückte mir ein großer, untersetzter Herr mit langen schwarzen Haaren, schwarzem Schnurrbart und Kinnbart die Hand. Er sagte mir, dass er Henryk Wieniawski heiße. Natürlich war ich begeistert: Wieniawski war zur damaligen Zeit schon ein Geiger von Weltruhm.[10]
Hubay konnte in all seiner Verlegenheit nur noch sagen »Wie gut, dass ich von Ihrer Anwesenheit nichts gewusst hatte, sonst hätte sich das gewiss negativ auf mein Spiel ausgewirkt.«[11]
Nach einer Reihe gelungener Konzerte in Budapest und anderen ungarischen Städten, auch in Preßburg, wo Wieniawski unter anderem Ernsts *Airs hongrois variés* op. 22 spielte, begab sich der Künstler in den Norden. Er wurde in Stockholm, Kopenhagen, Uppsala und Göteborg bejubelt.

---

9 Czas 20.2.1877.
10 Zit. nach Grigoriew, Wieniawski, S. 209.
11 Ebenda.

In Christiania lernte er Edvard Grieg kennen, mit dem er dessen *Sonate Nr. 1 für Violine und Klavier F-Dur* op. 8 aufführte. Nach einer fünfjährigen Pause trat er anschließend auch wieder im Süden Russlands auf: in Pensa, Symbirsk, Charkiw und Woronesch.

Wahrscheinlich machten seine gesundheitlichen Probleme und die intensive Konzerttätigkeit Wieniawski bewusst, dass er nicht mehr in der Lage war, Auftritte und Unterricht miteinander zu vereinbaren, weshalb er beschloss, seine Arbeit am Konservatorium zu beenden. Im schwedischen Erholungsort Strömstad erhielt der Künstler einen Brief von Direktor Gevaert, in dem er Wieniawski dazu einlud, seine Pflichten nach dem Urlaub wieder aufzunehmen. Wieniawski hatte darauf aber keine Lust, und so nahm die Direktion des Konservatoriums trotz inständiger Bitten des Direktors Wieniawskis bereits eingereichte Kündigung an. Sie wurde durch ein Dekret König Leopolds II. vom 27. September 1877 bestätigt. Die Umstände der Amtsniederlegung sind aber nicht ganz geklärt. Zwar beendete Wieniawski seine Arbeit am Konservatorium, doch blieb Brüssel für ihn und seine Familie das Zuhause.

The show must go on:
Der Kampf gegen die Zeit

Wieniawskis letzte Lebensjahre sind ein wahrer Wettlauf gegen die Zeit. Konzerte über Konzerte, und das angesichts einer sich immer weiter verschlechternden Gesundheit.
Genf, Lausanne, Montreux, die Kurorte am Rhein, Frankfurt am Main und Leipzig. In Leipzig war seine fortschreitende Herzerkrankung schon allgemein bekannt. Nach dem Konzert am 18. Oktober 1877 schrieb der Kritiker des MUSIKALISCHEN WOCHENBLATTS:

> Als Solist begrüßte das Auditorium einen alten lieben Gast: Hrn. Henri Wieniawski, der seiner Zaubergeige diesmal so wundervolle Töne entlockte, daß man gar nicht glauben wollte, daß dieser selbe Mann, der das Mendelssohn'sche Concert mit einer so berückenden Innigkeit, jugendlichen Frische und eminenter Virtuosität spielte, seit mehr als Jahresfrist von schwersten körperlichen Leiden heimgesucht sei.[1]

In diesem Oktober schloss sich Wieniawski der Truppe des Impresarios Bernard Ullman an, der eine weitere Tournee durch Skandinavien organisierte. Für diese internationale Künstlertruppe wurden neben dem Polen die belgische Sopranistin Désirée Artôt sowie ihr Mann engagiert, der spanische Bariton Mariano Padilla, sowie daneben der italienische Kontrabassist Giovanni Bottesini und der österreichische Pianist Alfred Jaëll. Wie eine Pariser Zeitung schrieb – »di primissimo cartello«. Das fünfköpfige Team spielte unter anderem vier Mal in Kopenhagen und sechs Mal in Stockholm; insgesamt gaben sie rund 20 Konzerte. Im November ersetzte der Belgier Louis Brassin den Österreicher Jaëll. Innerhalb eines Monats traten die Künstler in Hamburg, Lübeck, Kiel, Köln, Koblenz, Hannover, Berlin, Dresden, Breslau, Frankfurt am Main,

---

1 MUSIKALISCHES WOCHENBLATT 26.10.1877, S. 598.

Mannheim und Karlsruhe auf. Über das Konzert in Stuttgart schrieb die
ALLGEMEINE MUSIKALISCHE ZEITUNG:

> Wieniawski wird mit Recht den ersten Geigern der Gegenwart zugezählt; sein Spiel ist frei von jeder Affectation, namentlich von jenem süßlich heulenden Ziehen und Rutschen auf der Saite, das bei manchem in französischer Schule gebildeten Violinisten so unleidlich wird.[2]

Diese häufigen und ermüdenden Reisen blieben nicht ohne Einfluss auf die Gesundheit des Künstlers, der an einer zu großen Körperfülle, an einem kranken Herzen und an Asthma litt. Das Jahr 1878 brachte keine Erholung. Schon im Januar trat Wieniawski zusammen mit Camille Saint-Saëns in Schwerin auf. Nach einer Reihe von Konzerten in London bei den Monday Popular Concerts, wo er unter anderem mit Ignaz Brüll spielte, einem österreichischen Pianisten, Komponisten und Brahms-Freund, war die Reihe an Sankt Petersburg. In der russischen Hauptstadt wurde gerade Pablo Sarasate mit Begeisterung empfangen. Zeuge eines nicht alltäglichen Vorfalls nach einem der Vormittagskonzerte war Leopold Auer. Großfürst Konstantin, der vor dem spanischen Künstler mit einem »russischen« Geiger prahlen wollte, bat Wieniawski, selbst etwas zu spielen. Der Pole entgegnete, dass er weder Geige noch Noten dabei habe, doch der Großfürst schlug kurzerhand vor, dass er doch Sarasates Instrument nehmen solle. Auer berichtet:

> Da ich Wieniawskis ganzes Repertoire auswendig kannte, bot ich an, ihn am Klavier zu begleiten, und er spielte seine *Legende* und seine *Polonaise*. Obwohl ihm Sarasates Geige nicht zusagte, spielte Wieniawski mit all seinem gewohnten Feuer und mit Leidenschaft, und der erste, der ihn umarmte und beglückwünschte, als wir fertig waren, war Sarasate, gefolgt vom Großfürsten und dem Rest von uns.[3]

Im Juni trat Wieniawski erneut in London auf. In der St. James Hall musizierte er zum letzten Mal öffentlich mit Anton Rubinstein. Sie spiel-

---

2 ALLGEMEINE MUSIKALISCHE ZEITUNG 19.12.1877, Sp. 813.
3 Auer, My Long Life, S. 180.

ten Beethovens *Kreutzer-Sonate*. Auf Einladung von Antons Bruder Nikolai, mit dem er in dieser Zeit engere Freundschaft schloss, konzertierte er im Herbst 1878 im Rahmen der Pariser Weltausstellung bei den vier russischen Konzerten in dem riesigen, 5000 Menschen fassenden Saal im für die Weltausstellung gebauten, imponierenden Palais du Trocadéro mit seinem neobyzantinischen Stil. Der Saal war mit einer Orgel ausgestattet, ein Werk des berühmten französischen Orgelbaumeisters Aristide Cavaillé-Coll. 1935 wurde das Palais teilweise abgerissen, um für die Weltausstellung des Jahres 1937 das Palais de Chaillot zu errichten.

Am 22. September schrieb LA REVUE ET GAZETTE MUSICALE DE PARIS von einem vollen Saal und einem großen Erfolg:

Abb. 15: Henryk Wieniawski auf einer 1878 in München angefertigten Fotografie (Archiv der Henryk-Wieniawski-Musikgesellschaft, Posen)

> Sagen wir es gleich, dass die größten Ehren Wieniawski für sein *2. Violinkonzert* erhielt, ein außergewöhnliches Werk. Den ersten Satz *Allegro* halten wir für einen der besten, die je geschrieben worden sind. Die Aufführung war hervorragend: Virtuosität, Reinheit des Stils, Musikalität. Das Publikum bereitete ihm nach diesem Werk wahre Ovationen.[4]

Auf dem Programm des vierten und letzten russischen Konzerts standen unter anderem das *1. Klavierkonzert* von Tschaikowsky – das von Nikolai Rubinstein gespielt wurde –, der Krönungschor aus Michail Glinkas Oper *Ein Leben für den Zaren* sowie Werke von Dmitri Bortnianski, Alexander Serow und Alexander Dargomyschski. Wieniawski spielte hier zwei

---

4 LA REVUE ET GAZETTE MUSICALE DE PARIS 22.9.1878, S. 305.

seiner bereits bestens bekannten Kompositionen – *Legende* und *Souvenir de Moscou*. Nach der so guten Aufnahme der Pariser Auftritte versprach er Rubinstein, dass er ihn gegen Jahresende in Moskau besuchen werde. Anfang November reiste er nach Berlin, um mehrere Konzerte im Kroll'schen Theater zu geben. Beim ersten, am 11. November, kam es zu einem Zwischenfall. Wieniawski, der an diesem Abend sein *Violinkonzert d-Moll* spielen sollte, fühlte sich während des Auftritts schlecht, weshalb angekündigt wurde, dass er sitzend spielen werde. Dennoch musste er aufgrund eines Asthmaanfalls das Spiel erneut unterbrechen. Glücklicherweise war Joseph Joachim im Zuschauerraum, der die Schüler seiner Klasse an der Hochschule für Musik mitgebracht hatte. Joachim ging auf die Bühne, nahm die Geige seines Kollegen und erklärte dem Publikum – wie die NEUE BERLINER MUSIKZEITUNG schrieb –, warum er nicht in »Concerttoilette« und ohne eigene Geige spiele, dass er nun aber Bachs *Chaconne* aufführen werde.

Dann begann er das ebenso bekannte wie beliebte Musikstück und führte es in der ihm eigenen meisterhaften Weise zu Ende. Der begeisterte mit Orchestertusch untermischte Applaus, der seiner Leistung folgte und in noch verstärktem Maße losbrach, als Joachim mit seinem inzwischen einigermaßen wiederhergestellten Freunde zum zweiten Mal vor dem Publikum erschien, galt diesmal nicht nur dem Künstler sondern dem Menschen, der sich durch äußere Umstände erschwerender Art nicht hatte abhalten lassen ein gutes Werk zu thun und einem bedrängten Kunstgenossen aus der Verlegenheit zu helfen.[5]

Diese misslichen Umstände hatten jedoch nicht die Absage der weiteren Konzerte zur Folge, denn schon zwei Tage später wiederholte Wieniawski das unterbrochene Programm, und auch am 14., 17. und 19. November spielte er für das Berliner Publikum. Er führte unter anderem Mendelssohns *Konzert e-Moll* und Vieuxtemps' *5. Violinkonzert* auf, das letzte große Konzert, das er in sein Repertoire aufgenommen hatte, sowie Werke von Beethoven, Ernst und von sich selbst. Wie man in Künstlerkreisen sagt: *The show must go on*.

Am 23. November war er schon in Posen, wo er im Saal des polnischen Hotels »Bazar« mit der aus Christiania stammenden Sopranistin Lona Gu-

---

5 NEUE BERLINER MUSIKZEITUNG 21.11.1878, S. 372.

lowsen (später Baronin Gyldenkrone) und der Berliner Pianistin Helene Geisler auftrat. Er spielte laut Konzertplakat den zweiten und dritten Satz des Mendelssohn-Konzerts, ein *Präludium vivace* aus der *Sonate E-Dur* BWV 1016 (auch wenn ein solches Präludium nicht zu den Sätzen dieses Werks gehört – vielleicht war damit der letzte, mit Allegro bezeichnete Satz gemeint) sowie eigene Werke – die *Legende* und die *Faust-Phantasie*. Über das Konzert schrieben die polnischsprachige und die deutschsprachige Presse. Am 26. November soll der Kritiker der POSENER ZEITUNG berichtet haben:

> Eng gedrängt saßen beide Nationalitäten unserer Stadt im Saal des »Bazar« und plauschten in Erwartung des Gangs der Ereignisse. Während den einen Teil des Publikums der Name Wieniawskis als musikalisch-virtuoser Berühmtheit lockte, wirkte bei den übrigen noch der patriotische landmannschaftliche Reiz, der vor dem Konzert für Spannung sorgte.[6]

Der deutsche Kritiker beschrieb auch einen Vorfall, der die Aufführung der *Phantasie* störte: Denn gleich nach Beginn des Stücks, wo die Geige einen Gesang anstimmt, der das Verwelken eines Blumenstraußes illustriert, riss plötzlich eine Saite, und die eilig aufgezogene Ersatzsaite produzierte keinen reinen Klang. Und schließlich beschreibt die Kritik Wieniawskis verändertes Aussehen:

> Als Wieniawski erschien, mochte sein derzeitiges Aussehen eine Überraschung für all jene sein, die sich aus alten Zeiten an ihn erinnern, doch kaum hatte er mit seinem Spiel begonnen, zeigten sich bald erneut die bedeutenden Anlagen, die den Künstler zu einem so frühen und glänzenden Ruhm getragen haben.[7]

Die Indisposition von Berlin kurz zuvor und die immer noch vorhandenen Schwächesymptome bewegten den Künstler dazu, in Posen einen Arzt aufzusuchen. Der Besuch muss sein Leiden gelindert haben, denn am 5. Dezember erklärte er im Postscriptum eines Briefes an Nikolai Ru-

---

6   Zit. nach Edmund Grabkowski: Henryk Wieniawski w Wielkopolsce, Poznań 1996 S. 41 [Rückübersetzung aus dem Polnischen, d. Ü.].
7   Ebenda [Rückübersetzung aus dem Polnischen, d. Ü.].

binstein, den er bereits nach weiteren Auftritten in Thorn und Danzig abschickte, dass er gesund sei wie ein Fisch im Wasser. Am 9. Dezember kehrte er noch einmal in die Hauptstadt der Provinz Posen zurück und stieg hier wie schon zuvor im »Bazar« ab. Am 10. Dezember trat er gemeinsam mit Lona Gulowsen und Clemens Schön im Lambert-Saal auf (heute befindet sich hier das Kino »Apollo«), wo er sein *Violinkonzert Nr. 2 d-Moll*, Beethovens *Romanze F-Dur* op. 50, Bachs *Chaconne*, Ernsts *Airs hongrois variés* und seine eigene *Polonaise A-Dur* aufführte. Aus Posen ging es nach Osten, schließlich gab es ja Rubinsteins Einladung nach Moskau. Am 16. Dezember traf der Künstler gemeinsam mit Lona Gulowsen in Wilna ein. Neben seinem normalen Programm spielte er hier auch eigene Werke für Violine solo. Dies sollte Wieniawskis letztes Konzert auf polnischem Boden sein. Anschließend begab er sich mit der Sängerin nach Minsk, wo er einen Tag vor Heiligabend auftrat. Am Weihnachtstag erreichte er schließlich Moskau, wo Nikolai Rubinstein schon auf ihn wartete.

Noch vor Jahresende, am 27. und 29. Dezember, gab Wieniawski Konzerte in Moskau. Bei seinem ersten Auftritt in der Russischen Musikgesellschaft führte er sein neues und noch unbekanntes *3. Violinkonzert a-Moll* auf. Osip Lewinson schrieb in der Zeitung Russkije Wedomosti:

> Fast seine gesamte musikalische Karriere ist in Russland verlaufen. Das russische Publikum hat ihn als Knaben, jungen Mann sowie im reifen Alter gehört. Leider haben wir nun vor uns einen so kranken Menschen, dass er es kaum auf die Bühne schaffte. […] Es genügte aber, dass Wieniawski die Geige in die Hand nahm, dass das Publikum und, wie es uns schien, der Künstler selbst alles vergaßen und in eine Zauberwelt versetzt wurden.

Und er schrieb weiter:

> Bei all seiner Präzision und Klarheit bewegt sich das Spiel von Herrn Wieniawski vorwiegend in einem poetischen *clair-obscur*, das sein ausschließliches Merkmal darstellt, in dem sich seine ganze Individualität ausdrückt. Es ist nur zu bedauern, dass er diesen

besonderen Klangreiz für Werke vergeudet, die letztlich nichts anderes sind als eine Sammlung zerschlissener Fragmente.³

So beschrieb der Kritiker Wieniawskis neues Konzert, über das wir nur aus Presseberichten und Konzertplakaten wissen. Dieses »neue«, bislang nicht aufgefundene Werk bestand aus den Teilen *Allegro*, *Andante* und *Finale*. Das *Allegro* erwähnt auch Herman Laroche:

> Herr Wieniawski spielte ein Konzert eigener Komposition, dessen wunderbare musikalische Faktur uns wieder einmal daran erinnerte, dass wir in der Person seines Urhebers nicht nur einen erstrangigen Virtuosen haben, sondern auch einen vielseitigen Musiker, der ein überdurchschnittliches Kompositionstalent besitzt.⁹

Bei einem Kammerkonzert kam es wieder zu dramatischen Augenblicken. Wieniawski war nicht in der Lage, Beethovens *Kreutzer-Sonate* zu beenden und musste das Instrument seinem Schüler Arno Hilf überlassen, und in Beethovens *Streichquartett Es-Dur* übernahm Jan Hřímalý seine Partie. Über Wieniawskis schlechten Gesundheitszustand berichtete der bekannte Musikverleger Peter Jürgenson in einem Brief an Tschaikowsky:

> Lieber Freund! Gestern gaben wir das siebte Konzert mit Wieniawski. Mein Gott, was für eine Qual, ihn anzuschauen! Stell Dir einen Menschen im Todeskampf vor, der dazu gezwungen ist, vor einer dreitausend Menschen zählenden Menge Geige zu spielen! Ganz einfach *macabre* […] Er schleppt kaum seine Beine, das Gesicht ist aufgedunsen, die Augen halb geschlossen, er atmet schwer und ächzt immerzu, wird geplagt von einem erstickenden Husten, man meint, dass er sich jeden Augenblick hinlegen und seinen Geist aufgeben wird.¹⁰

Nach dem letzten Konzert in Moskau am 3. Januar 1879 schien es den Freunden tatsächlich, als würde der erschöpfte Künstler langsam erlöschen, als seien seine Tage gezählt. Doch seine unwahrscheinliche Ent-

---

8 RUSSKIJE WEDOMOSTI 1878 Nr. 324.
9 Zit. nach Grigoriew, Wieniawski, S. 219 f.
10 Brief vom 16.12.1878. Zit. nach Grigoriew, Wieniawski, S. 215.

schlossenheit und sein Lebenswille waren stärker, denn schon am 12. Januar erschien Wieniawski trotz aller Widrigkeiten zu einem Konzert in Sankt Petersburg. So wie auch in Moskau begleitete ihn hier die ihm gut bekannte Désirée Artôt, eine Solistin der Pariser Oper. Am 18. Januar traten sie in Helsinki auf. Ein Kritiker des HELSINGFORS DAGBLAT schrieb:

> An diesen Abend, wo der kranke Wieniawski für ein zahlreiches Publikum spielte, das mit angehaltenem Atem seiner Musik lauschte, wird man sich erinnern. In dieser Stille war etwas von Gottesdienst, was sich nicht oft ereignet. Vielleicht war das Publikum ergriffen vom Kontrast zwischen dem leidenden Künstler und seiner göttlichen Musik, von etwas, was an Leben und Ewigkeit denken ließ. Plötzlich unterbrach lautstarker Beifall die Stille, der, wie zu verspüren war, direkt aus dem Herzen kam.[11]

Aus dem kalten Finnland reisten die Künstler in den Süden des Imperiums, wo sie von Februar bis Juli unter anderem in Saratow, Kijyw, Taganrog, Cherson, Mykolajiw, Odessa und Chișinău auftraten. In dieser für Wieniawski so dramatischen Zeit wurde es zur Norm, dass er seine Auftritte aufgrund immer häufigerer Herzanfälle und Arthritis unterbrechen oder verschieben musste. In Kyjiw, wo er am 17. Februar spielen sollte, kam es zum Skandal, da wegen seiner Indisponiertheit nur Artôt zum Konzert erschien. Wieniawski trat drei Tage später in Kyjiw öffentlich auf und begeisterte die anfangs unwilligen Zuhörer.

Das seinen Dienst versagende kranke Herz ließ ihn länger in Odessa verweilen, wo er nach zwei Konzerten (am 21. und 23. Februar) schwer erkrankte, weshalb er seine weiteren Auftritte absagte. Dies führte zu negativen Kommentaren in der Presse. In einem Brief vom 29. März 1879 an einen Freund, den Pianisten Robert Feldau, der ihn in Odessa hatte begleiten sollen, beklagte sich der Künstler über die ungerechte Kritik eines Autors, der mit dem Pseudonym »Bemol« zeichnete. Nach der Zwangspause spielte er schließlich im April im Börsensaal, doch gefiel der Auftritt jenem geheimnisvollen »Bemol« nicht. Er warf dem Polen vor, dass »sein Repertoire aus zwanzig Stücken besteht, die sich seit zwanzig Jahren nicht

---

11 HELSINGFORS DAGBLAT 21.1.1879, zit. nach https://wieniawski.pl/zyciorys_henryka_wieniawskiego_czesc_2.html.

verändert haben!«.[12] Der auf Wunsch Wieniawskis in der Presse veröffentlichte Brief an Feldau führte zu einer Antwort von »Bemol«, der mit doppelter Kraft zurückschlug. Im August berichtete die PRAWDA, dass sich nach einer zweimonatigen Behandlung bei einer »Weintraubenkur« der Zustand des Künstlers, der zuvor von den Ärzten als sehr ernst bezeichnet worden war, erheblich gebessert habe, weshalb er für September eine neue Tournee mit Feldau ankündigte.

Die geplante Tournee sah unter anderem Auftritte in Jalta, Simferopol, Jekaterinoslaw, Charkiw und Kursk vor, doch ein Konzert, das er im November in Orla geben musste, kostete ihn so viel Kraft, dass er dann nicht mehr weiter nach Tula und Kaluga fuhr. Von einem unehrlichen Impresario betrogen, der mit seinem Geld geflohen war, krank und niedergeschlagen, beschloss er auf Anraten seiner Freunde schließlich, seine Tournee abzubrechen.

---

12 ODESKIJ VESTNIK 22.4.1879

Moskauer Coda

Wieniawski ist gekommen, genauso krank wie im Vorjahr. Es ist schwer, ihn anzuschauen. Wahrscheinlich wird er nicht lange leben, aber ich möchte nicht, dass er in Moskau stirbt. Er könnte nach Brüssel fahren, zu seiner Familie, warum hier zögern? Er ist ohne Geld gekommen, ohne Gesundheit, was kann man da machen? *Im Handumdrehen* [im Original auf Deutsch, d. A.] bin ich zum Verleger zweier seiner Werke für Violine und Klavier geworden.[1]

Dies schrieb Jürgenson am 12. November 1879 in einem Brief an Tschaikowsky.
Aufgrund großer Herzschwäche wurde Wieniawski am 20. November in das Marienspital für Arme eingewiesen. Dank Bemühungen seiner Petersburger Freunde wurde ein Konzert zugunsten des kranken Künstlers veranstaltet. Im Saal des Sankt Petersburger Konservatoriums traten am 8. Januar 1880 Leopold Auer, Karl Dawidow, Louis Brassin, die aus dem Quartett bekannten Johann Wilhelm Pickel und Hieronymus Weckmann sowie der Bruder des Komponisten Józef Wieniawski auf. Es gelang, 3000 Rubel zusammenzubringen. Ein weiteres karitatives Konzert fand in Moskau statt, wo mehr als 2000 Rubel eingenommen wurden. Hier spielten unter anderem Nikolai Rubinstein und Józef Wieniawski. Er wurde von russischen Musikern unterstützt, Musikliebhaber schickten Briefe, und über seinen Gesundheitszustand berichteten die Zeitungen. Auf Initiative von Nikolai Rubinstein wurde Wieniawski am 26. Februar in das Haus der bekannten Kunstmäzenin Nadeschda von Meck gebracht, die viele Künstler protegierte, allen voran Peter Tschaikowsky. Und so erhielt der Künstler durch das Zutun der reichen Witwe in ihrem Palais am Roschdestwenski-Boulevard die beste Betreuung.

---

1 Brief vom 12.11.1879, zit. nach Grigoriew, Wieniawski, S. 219.

Moskauer Coda

In einem Brief berichtete von Meck am 13. März Tschaikowsky:

> Ach, beinahe hätte ich vergessen Ihnen zu sagen, mein Freund, daß Wieniawski sich seit dem 14. [26.] Februar bei mir im Hause befindet; zuerst schien es, als ob es ihm besser ginge, aber dann blieb der Zustand gleich und verändert sich nach keiner Richtung. Überhaupt befindet sich seine Krankheit im letzten Stadium, und es besteht keinerlei Hoffnung auf Genesung; drei Ärzte kümmern sich um ihn und bemühen sich jetzt nur noch, seine Kräfte bis zum April aufrechtzuerhalten, um ihn dann in den Süden fahren zu lassen, und unter diesen Bedingungen kann er noch ein, zwei Jahre durchhalten. Der arme Mensch, wie leid er mir tut, sowohl der Musik beraubt, die das Hauptinteresse seines Lebens ist, als auch der Familie, die er liebt; nur ein Sohn […] ist bei ihm, ein sehr wenig entwickelter junger Mann, der den Vater nicht einmal pflegen kann; der hauptsächliche Betreuer und Pfleger des Kranken ist Vladislav Al'bertovič [Pachul'skij][2], und dadurch leidet sein Studium sehr, aber wie kann er sich dem Kranken verweigern, [denn] der hat ihn sehr liebgewonnen und möchte ihn gegen niemanden tauschen.[3]

Auf diese Kunde hin schrieb Tschaikowsky aus Sankt Petersburg:

> Tief gerührt bin ich von der Unterstützung, die Sie dem sterbenden [Henryk] Wieniawski zuteil werden ließen. Seine letzten Tage werden durch Ihre Sorge um ihn verschönt sein. Er tut mir sehr leid. Wir verlieren in ihm einen in seiner Art unvergleichlichen Geiger und einen sehr begabten Komponisten. In letzterer Hinsicht halte ich Wieniawski für sehr reich begabt, und wenn das Geschick sein Leben verlängert hätte, hätte er wohl für die Geige das werden können, was [Henri] Vieuxtemps war. Seine reizende *Legende* und einige Teile des *d-Moll-Konzertes* bezeugen sein seriöses Talent.[4]

---

2 Władysław Pachulski (1857–1919), aus Polen stammender Musiker, Sekretär von Nadeschda von Meck, später ihr Schwiegersohn.
3 Petr I. Čajkovskij, Nadežda F. fon Mekk: Briefwechsel 1876–1890. Band II: Briefe 1879–1881. Hrsg. v. Thomas Kohlhase, Mainz (u. a.) 2021, S. 390.
4 Brief vom 15./27.3.1890. Ebenda, S. 395.

Wieniawskis Zustand verbesserte sich manchmal kurz, dann verschlechterte er sich wieder, und so ging es immer hin und her. Einen Besuch bei dem Künstler hat Leopold Auer in seinen Erinnerungen beschrieben, der ihn zusammen mit Nikolai Rubinstein aufsuchte:

> Sobald er uns erblickte, begrüßte er uns mit größter Freude, schüttelte uns erfreut die Hände und sprach mit uns auf höchst amüsante und unterhaltende Weise, unablässig unterbrochen durch so heftige Hustenanfälle, dass es uns das Herz brach. Sobald der Anfall aber vorüber war, gewann sein lebendiger Charakter wieder Oberhand.[5]

In einem dieser Augenblicke des Bewusstseins sprach er zu seinen Freunden den bekannten Satz: »Erinnert euch daran, ihr beiden, dass der *Karneval von Venedig* zusammen mit mir stirbt.«[6] Auer weiter:

> Er sprach über diese virtuose Komposition, die als erster Ernst populär machte und die einer von Wieniawskis größten geigerischen Erfolgen war. Was er mit seinem Satz wirklich ausdrücken wollte war, dass die glorreiche Linie von Virtuosen an sich, die Nachfolger von Paganini, mit seinem Ableben zu ihrem Ende kommen würde und dass wir von der Zeit musikalischer Virtuosen Abschied nehmen würden. Doch er lag falsch, denn seine eigenen Kompositionen für Violine haben gezeigt, dass er selbst einen Weg für weitere Virtuosen gebahnt hatte.[7]

Trotz unaufhörlicher Anstrengungen der Ärzte starb Wieniawski am 31. März 1880 um 20 Uhr. Seinen 45. Geburtstag sollte er nicht mehr erleben. Beim Trauergottesdienst am 3. April in der französischen Kirche St. Ludwig in der Kleinen Lubjanka war das ganze »musikalische« Moskau anwesend. Der Verstorbene wurde mit den Klängen von Mozarts *Requiem* in der Ausführung von Orchester, Chor und Solisten des Bolschoi-Theaters unter Leitung Nikolai Rubinsteins verabschiedet. Anschließend wurde der Sarg auf Kosten von Nadeschda von Meck nach Warschau gebracht. In der Heilig-Kreuz-Kirche fand der feierliche Ab-

---

5 Auer, My Long Life, S. 244 f.
6 Ebenda, S. 245.
7 Ebenda.

schied statt. Auf dem von Blumen übersäten Sarg lag die Violine, auf der Wieniawski in den letzten Jahren gespielt hatte. Es erklang Musik ausschließlich polnischer Komponisten. Der 21 Jahre alte begabte Geiger Stanisław Barcewicz spielte die *Legende*, es sangen außerdem Künstler der Warschauer Operngesellschaft: die Damen Wojakowska und Lewicka. Nach 16 Uhr setzte sich der Trauerzug von der Krakauer Vorstadt zum Powązki-Friedhof in Bewegung. Auf dem Friedhof wurden Tomasz Napoleon Nideckis *Ave Maria*, Wilhelm Troschels *Salve Regina* sowie ein Trauermarsch von Ludwik Grossman gespielt. Der Künstler wurde von einer großen Menge Warschauern auf seinem letzten Weg begleitet. Auf dem Theaterplatz hatten sich – wie der SUFLER berichtete – mehrere zehntausend Menschen eingefunden.[8]

Das Ableben des Künstlers wurde von Zeitungen auf der ganzen Welt vermerkt, auch jenseits des Ozeans. In der russischen Presse wurde hervorgehoben, dass der Verstorbene zwölf Jahre lang Hofsolist Seiner Kaiserlichen Hoheit gewesen sei. In einem Nachruf des RUSSKIJ MUZYKALNYJ WESTNIK war sogar zu lesen, dass »unser begabtester Komponist gestorben ist, der größte Geigenvirtuose und der beste aller Menschen – Henryk Wieniawski«.[9] LA REVUE ET GAZETTE MUSICALE DE PARIS hob hervor, dass er

> ein großer Künstler war, und bis in seine letzten Jahre haben ihn die charmante Originalität und die brillante Verve seines Spiels in der ersten Riege unter den bedeutendsten Geigern seiner Zeit gehalten. Neben Joachim, Wilhelm, Sarasate und Strauß war dies eine künstlerische Physiognomie mit klarem Charakter und großer Persönlichkeit. Als vollendeter Virtuose verzauberte er sein Publikum durch die Eleganz seiner Phrasierung und erstaunte durch die Kühnheit seines Bogenstrichs. Er liebte die Virtuosität um ihrer selbst Willen und suchte die Schwierigkeiten; aber niemand hat ihn bei Fingerfertigkeit und Leichtigkeit übertroffen. Er besaß in überragendem Maße die Kunst, ein Publikum zu fesseln, und er hatte

---

8 SUFLER Nr. 25, S. 5.
9 Zit. nach Wladimir Grigowjew: RUSSKIJ MUZYKALNYJ WESTNIK 1880, Nr. 2.

diesen seltenen Triumph des Künstlers, begeisterte Bewunderung auszulösen, bis hin zur Ungerechtigkeit gegenüber seinen Rivalen.[10]

In seinem Nachruf stellte der Redakteur der NEUEN BERLINER MUSIKZEITUNG in der Ausgabe vom 15. April 1880 die rhetorische Frage:

> Ist es doch die Sorge um seine Existenz, um seine Familie gewesen, die den schwer kranken Mann, den nur Ruhe hätte retten können, rastlos von Stadt zu Stadt, weit in die Ferne trieb getrieben, bis die unausbleiblichen Folgen der Aufregung und der Anstrengung ihm ein schnelles, unter so traurigen Umständen erfolgtes Ende bereiteten. Gewöhnlich heißt es in den den Verhältnissen ferner stehenden Kreisen: Wie konnte man einen solchen Mann so untergehen lassen? Aber die Mitwelt trifft keine Schuld. Wieniawski war wiederholt in einer Stellung, die seinem Ehrgeiz und Wohlstandsbedürfniß reichlich genügten, was ihn aus diesen Stellungen trieb, war sein unseliges Geschick, sein Dämon. Da konnten Freunde eben nichts helfen, er musste so untergehen, wie's nun im fernen Rußland geschehen.[11]

Auf poetische Weise verabschiedete der DAILY ALTA CALIFORNIA den Künstler: »Wieniawski ist tot! Die Musik ist in Trauer – Wieniawski ist tot! Das Leben ist wie eine Saite gerissen – Wieniawski ist tot!«[12]

---

10 LA REVUE ET GAZETTE MUSICALE DE PARIS 4.4.1880, S. 111.
11 Henri Wieniawski †. In: NEUE BERLINER MUSIKZEITUNG 15.4.1880, S. 122.
12 Wieniawski is Dead! In: DAILY ALTA CALIFORNIA 6.4.1880.

Ein mächtiges Häuflein: Wieniawski und seine Familie

In einer Skizze über den Komponisten, die am 6. Januar 1877 in einer ungarischen Wochenzeitung erschien, heißt es:

> Im Privatleben ist Wieniawski einer der lustigsten Geschichtenerzähler. Brillant in der Aussage, erfüllt er seine Erzählungen stets mit Wärme und Humor. Wenn er nach den Konzerten nach Hause zurückkehrt, ermüdet durch Lärm und die Last des Ruhms, warten seine ihn liebende Frau und vier liebe Kinder auf ihn.[1]

Wenn man den Lebenslauf Henryk Wieniawskis verfolgt, und zwar nicht nur auf der Grundlage solch idealisierter Beschreibungen, so stellt man fest, dass die Familie für ihn wichtig war. Abgesehen von seiner Amerikareise bemühte er sich um einen ständigen Kontakt. Wenn es sich einrichten ließ, schloss sich Isabelle ihrem Mann an, etwa in Sankt Petersburg. Man kann sich vorstellen, dass sich das Leben mit einem Künstler, der ständig auf Achse war, nicht einfach gestaltete. Angesichts der ständigen Auftritte des Mannes lastete die Haushaltsführung und die Mühe mit der Erziehung der größer werdenden Kinderschar auf Isabelle. Trotz des sich verschlechternden Gesundheitszustands war Wieniawski fast bis zu seinem Ende bestrebt, seiner Familie die Existenz zu sichern, was auch irgendwie erklärt, warum er sich gegen seinen eigenen Körper zu kräftezehrenden Konzerten mobilisierte. Gegen Ende seines Lebens, im schlimmsten Zeitraum, als er sich in Russland aufhielt, war das Einzige, was ihn bekümmerte, wie er die nächste Rate seiner Lebensversicherung zahlen sollte, die er bei der Heirat abgeschlossen hatte. Es handelte sich um eine Versicherung über eine sehr hohe Summe, um sich und seine Familie abzusichern.

1 MAGYARORSZÁG ÉS A NAGYVILÁG 6.I.1877.

Ein mächtiges Häuflein: Wieniawski und seine Familie

Die Wieniawskis hatten insgesamt acht Kinder. Der älteste Sohn, der den Vornamen des Vaters trug, starb 1863 im Alter von zwei Jahren. Danach folgten Juliusz Józef (1863–1933), Izabela Helena (nach ihrer Heirat Bevan, 1865–1942) und Ewelina (1870–1871). 1871 kamen Zwillinge auf die Welt, die aber das Säuglingsalter nicht überlebten. Die Familie vergrößerte sich dann noch um zwei in Brüssel geborene Töchter – Henriette Claudine (1876?–1962) und Irène Régine (1879–1932), die das Licht der Welt zehn Monate vor dem Tod ihres Vaters erblickte. Aus der englischen Volkszählung von 1901 wissen wir, dass Henriette damals mit ihrer Mutter und ihrer Schwester Irène Régine in London lebte. Auch die genaue Adresse ist bekannt – 29 Melbury Mansions, Kensington, London. 1904 heiratete sie den amerikanischen Börsenmakler Joseph Holland Loring. Die Lorings hatten zwei Töchter, Frances und Joan. Henriettes Mann starb am 15. April 1912 beim Untergang der »Titanic«. Sie heiratete erneut und lebte noch viele Jahre.

Nur Irène Régine eiferte ihrem Vater nach und wählte ein Leben mit der Musik. Mit sieben Jahren begann sie Klavier zu lernen und schrieb schon mit neun Jahren ihr erstes Werk. Wahrscheinlich mit zwölf Jahren wurde sie am Brüsseler Konservatorium angenommen. 1901 heiratete sie Sir Aubrey Edward Henry Dean Paul, einen Aristokraten und Sänger, mit dem sie drei Kinder hatte. Meist schrieb sie ihre Werke unter ihr Geschlecht verbergenden Namen »Poldowski«, der den Namen ihres Mannes und ihren Mädchennamen miteinander kombinierte. Doch ihr Name tauchte in unterschiedlichen Formen auf – als Régine Wieniawski, Irène Wieniawska, Lady Dean Paul oder (Madame) Poldowski. Irène war mit Karol Szymanowski befreundet. Sie komponierte vorwiegend Lieder, von denen 33 erhalten geblieben sind, meist auf Texte des damals beliebten Dichters Paul Verlaine. Auch ein gutes Dutzend Kompositionen für Klavier und Kammermusik geht auf sie zurück. Außerdem sind vier symphonische und vier dramatische Werke erhalten geblieben. Ihr Schaffen ist erst in den letzten Jahren Gegenstand eingehender Untersuchungen geworden und muss immer noch entdeckt werden.

Nachdem sich das Duo der Brüder Henryk und Józef Wieniawski in der Mitte der 1850er Jahre getrennt hatte, studierte Józef weiter in Weimar bei Franz Liszt und in Berlin bei Adolf Bernhard Marx. Zahlreiche erfolgreiche Konzertreisen führten ihn anschließend als Pianisten durch halb Europa. Durch Henryks Vermittlung kam er nach Moskau, wo er von 1866 bis 1870 am Konservatorium unterrichtete. Nach Jahren in Warschau und Paris ließ er sich schließlich 1878 als Klavierlehrer in Brüssel nieder, wo er eine Familie gründete, zahlreiche musikalische Aktivitäten entfaltete und 1912 starb. Józef Wieniawski komponierte viele Klavierwerke, Kammermusik und einige Orchesterwerke, darunter ein Klavierkonzert.

Interessant vielleicht, dass die Enkel von Henryks Bruder Julian ebenfalls als Künstler begannt wurden – Stanisław Ejsmond (1894–1939) war Maler und Julian Ejsmond (1892–1930) Dichter. Adam Tadeusz Wieniawski (1879–1950) wiederum, der Sohn von Józefs Zwillingsbruder Aleksander, machte sich als Komponist einen Namen.

Das Teufelswerkzeug: Worauf Wieniawski spielte

Schon 1640 behauptete der italienische Musiktheoretiker und Humanist Giovanni Battista Doni, dass die Violine gut den Klang anderer Instrumente nachahmen könne:

> In der Hand eines begabten Musikers verkörpert die Violine die Süße der Laute, die Sanftheit der Viola, die Majestät der Harfe, die Kraft der Trompete, die Munterkeit der Pfeife, die Traurigkeit der Flöte und die Wehmut des Kornetts. Es gibt aber keine Worte, die das Phänomen dieses Instruments und die Attraktivität seines Klangs erklären würden.[1]

Wir haben das Glück, dass viele dieser wunderbaren Instrumente nicht nur bis heute erhalten geblieben sind, sondern ihren Klang durch das Zutun der größten Virtuosen der Gegenwart weiterhin entfalten, wie Anne-Sophie Mutter, Giuliano Carmignola, Ilya Gringolts, Isabelle Faust, Hilary Hahn, Leonidas Kavakos, Janie Jansen, Julia Fischer, Nicola Benedetti oder Patricia Kopatchinskaja.

Die Geschichte der konkreten Instrumente, die aus den Werkstätten Stradivaris, der Familien Amati oder Guarneri hervorgegangen sind, faszinieren Musikliebhaber und Sammler bis heute. Denn diese uralten Violinen bergen zweifelsohne ein Geheimnis. Diese Aura des Geheimnisvollen ist Inspiration für die Literatur, ja sogar die Popkultur.

In seinem bekanntesten Roman *Spiegelkanon* entfaltet der italienische Schriftsteller Paolo Maurensig eine spannende und komplizierte Erzählung über eine Geige des österreichischen Geigenbaumeisters Jakob Stainer aus dem 17. Jahrhundert, die 1986 jemand bei einer Auktion erwirbt.

---

[1] Giovanni Battista Doni: Annotazioni sopra il Compendio de Generi e de' Modi della Musica, www.imslp.org/wiki/File:PMLP292932-doni_annotazioni_1640.pdf [Zugriff: 20.6.2022].

Nach diesem Buch ist in Italien ein Film mit dem Titel *Canone inverso. Making Love* (2000) gedreht worden. Doch das ist nicht das einzige filmische Beispiel. In dem Film *Die rote Violine* des Regisseurs François Girard von 1998 wird die Geschichte einer Violine erzählt, die vor mehreren hundert Jahren in Cremona gebaut worden ist. Das verwünschte Instrument bringt all seinen Besitzern Unglück und wird schließlich im Kanada der Gegenwart versteigert. Das für den Film komponierte und mit einem Oscar gewürdigte *Violinkonzert »Red Violin«* von John Corigliano ist von einem der bedeutendsten zeitgenössischen Geiger aufgeführt worden – Joshua Bell. Dieser spielt, so wie auch andere Geiger, auf einem Instrument, das ihm selbst gehört. Bell hat seine berühmte Stradivari-Geige mit dem Beinamen »Gibson« aus dem Jahr 1713 für fast vier Millionen Dollar gekauft. Dieses Instrument befand sich auch schon im Besitz des polnischen Geigers Bronisław Huberman, dem es 1936 einmal während eines Konzerts in der New Yorker Carnegie Hall gestohlen wurde. Heute ist es 14 Millionen Dollar wert. Andere, wie der Virtuose Janusz Wawrowski, haben die Chance, dank großzügiger Mäzene, Stiftungen oder Firmen auf einem wertvollen Instrument zu spielen – für sie ist das eine gute Geldanlage. Der polnische Geiger spielt heute auf der ersten Stradivari in Nachkriegspolen: Das 1685 entstandene Instrument (das heute den Beinamen »Polonia« trägt) wurde von einem polnischen Geschäftsmann erworben und Wawrowski 2018 zur Verfügung gestellt. Wenn man die Preise beobachtet, die diese Violinen heute erzielen, genügen selbst Vergleiche mit Luxusautos kaum, obschon sie bei modernen Instrumenten durchaus angebracht sind. Piotr Pielaszek, Preisträger des 16. Internationalen Wieniawski-Geigenbauer-Wettbewerbs von 2021, erklärte in einem Interview für die Musikzeitschrift Ruch Muzyczny: »Ich habe von einem Kunden gehört, dass es Geigen gibt, die einen mächtigen und aufheulenden Klang wie ein Ferrari haben, doch ich würde den Klang meiner Instrumente eher mit einem Bentley vergleichen.«[2]

Polen hatte stets Glück mit großartigen Geigern, aber auch mit den Geigenbauern. Schon im 16. Jahrhundert schufen in Krakau Mateusz Do-

---

2 Liczy się pole do ekspresji. Z Markiem i Piotrem Pielaszkami rozmawia Mateusz Borkowski. In: Ruch Muzyczny 2021, H. 13, https://ruchmuzyczny.pl/article/1231 [Zugriff: 20.06.2022].

Das Teufelswerkzeug: Worauf Wieniawski spielte

Abb. 16: Henryk Wieniawski, Karikatur von 1877
(Archiv der Henryk-Wieniawski-Musikgesellschaft, Posen)

brucki oder der Begründer einer Geigenbauerfamilie, Marcin Groblicz, in ihren Werkstätten ausgezeichnete Instrumente. Der deutsche Musiktheoretiker Martin Agricola hat 1529 in seinem Traktat *Musica instrumentalis deudsch* sogar eine viersaitige »polnische Geige« beschrieben.
Worauf also spielte Henryk Wieniawski? Man kann sagen, dass er von Anfang an Glück hatte und die besten Instrumente in die Hand bekam. Schon 1846, als 11-Jähriger, erhielt er als Preis für den besten Absolventen des Pariser Konservatoriums eine Geige, die gezeichnet war mit »GAND,

Luthier de la Musique du Roi et du Conservatoire de Musique, 1846, Paris«. Fachleuten zufolge ist sie wahrscheinlich das Werk eines von zwei Geigenbauern der Familie Gand, die zu den führenden Vertretern ihres Handwerks in Frankreich zählten. Seit 2016 kann man sie im Musikinstrumentenmuseum bewundern, einer Abteilung des Nationalmuseums Posen. Nach Meinung des Museumsleiters Patryk Frankowski ist das Instrument das Gemeinschaftswerk von Charles-François Gand und seinem Sohn Charles-Adolphe. Es wurde nämlich 1846 vollendet, ein Jahr nach dem Tod des Vaters. An der Seite ist folgende Aufschrift zu lesen: »Premier prix décerné en 1846 à Henri Wieniawski par le Conservatoire Royal de Musique«. Doch das ist nicht alles: Wieniawski war Besitzer einer ganzen Reihe von Instrumenten, darunter vier Stradivaris. Eine davon, aus dem Jahr 1719, trägt heute seinen Namen.

Auf der »Wieniawski« hat Bartłomiej Nizioł beim Tonhalle-Orchester Zürich gespielt. Heute spielt jeweils der Konzertmeister dieses Orchesters darauf; sie gehört dem Chef der Schweizer Niederlassung der Daimler AG. Wieniawskis zweite Stradivari – die »Sasserno« von 1717 – ist heute im Besitz der japanischen The Nippon Music Foundation. Wieniawski spielte auch auf der »Innes, Loder« von 1729.

Mit Wieniawskis Konzerten in Sankt Petersburg, wo er mit Bewunderung empfangen wurde, verbindet sich auch ein anderes Instrument. Nach seinem Konzert im Bolschoi-Theater am 17. April 1864 schenkte ihm die russische Aristokratie eine Stradivari-Geige. Dieses Geschenk der russischen Musikliebhaber, das ebenfalls als »Wieniawski« bekannt ist, befindet sich heute wahrscheinlich in Moskau, als Teil der staatlichen Sammlung einzigartiger Musikinstrumente. Wir wissen, dass Wieniawski zudem eine Geige von Giovanni Battista Guadagnini (»Wieniawski«, Mailand 1758), eine Geige von Giuseppe Guarneri del Gesù (»Wieniawski«, Cremona 1736) – auf der er bei seiner Amerika-Tournee spielte – sowie eine Geige von Pietro Guarnieri, Giuseppes älterem Bruder (»Wieniawski«, Venedig 1723) besaß. Diese Geige ist auch das letzte Instrument gewesen, auf dem der Künstler gespielt hat. Er hatte sie von dem in Antwerpen lebenden Sammler Charles Willemotte erworben. Diese Geige war es gewesen, die während der Trauerfeierlichkeiten in Warschau auf seinem Sarg lag. Wieniawski nannte sie kosend auch »meine Amati«, da sich in ihr ein kleines Stück Karton befand, das irreführend auf die Urheberschaft der

Amatis verwies. Diese Geige kaufte nach Wieniawskis Tod der ungarische Virtuose Jenő Hubay, dem der Pole seine letzte Komposition gewidmet hatte, die Miniatur *Fantaisie orientale* op. 24. Heute ist sie im Besitz des lettischen Geigers Ilya Grubert, der als Professor am Konservatorium von Amsterdam unterrichtet.

Ruhm zu Lebzeiten, Wettbewerbe nach dem Tod

Zu großem Ruhm und allgemeiner Bewunderung war Henryk Wieniawski bereits zu Lebzeiten gelangt. Er hatte das Glück, dass zeitgenössische Virtuosen seine Werke bereits aufzuführen begannen. Émile Sauret, František Ondříček oder auch Gustaw Frieman hatten in ihrem Repertoire unter anderem die *Legende*, die Konzert-Polonaisen, die *Scherzo-Tarantella*, die *Faust-Phantasie* oder auch *Souvenir de Moscou*. Magdalena Dziadek schreibt Folgendes:

> Wieniawskis Capricen fanden Eingang in das fundamentale didaktische Repertoire. Zu einigen von ihnen komponierte Vieuxtemps höchstselbst eine Klavierbegleitung. Einer der unzähligen Bände mit sogenannten Vorübungen des tschechischen Violinlehrers Otakar Ševčík war dem *Konzert d-Moll* gewidmet. Das Urteil über Wieniawskis Werke war insgesamt sehr lobend. Um ihre Merkmale zu beschreiben, wurde Wieniawski immer wieder mit Chopin verglichen. Florizel von Reuter zögerte nicht, Wieniawski als Komponist den »Chopin der Geige« zu nennen. Er meinte, dass man Wieniawski und Chopin sowohl aufgrund des poetischen Tons der Violinkompositionen als auch des hier vorhandenen nationalen Elements vergleichen dürfe.[1]

Andererseits stellte in seinem bereits zitierten Nachruf der Kritiker von LA REVUE ET GAZETTE MUSICALE DE PARIS in Frage, ob eigentlich eine Wieniawski-Schule entstanden sei:

> Es ist hingegen zu bezweifeln, ob er eine Schule zurücklässt. Als Virtuose und vor allem ausübender Künstler ist er nur kurz im Unterricht tätig gewesen. Kaum als Violinprofessor am Konserva-

---

1 Magdalena Dziadek: Kompozytor Henryk Wieniawski. 1835–1880, in: https://portal muzykipolskiej.pl/pl/osoba/7531-henryk-wieniawski [Zugriff: 20.6.2022].

torium von Brüssel eingestellt, hat ihn die Sehnsucht nach dem Publikum ergriffen.[2]

Doch ohne Wieniawski auf den Sockel heben und ihm Denkmäler errichten zu wollen (solche gibt es übrigens in Lublin, Posen, Bromberg und Bad Salzbrunn/Szczawno Zdrój), ist heute klar, dass die virtuosen Werke des Polen ihren Platz in den Geigenschulen haben. Wie hat es bei einem seiner Besuche in Posen Yehudi Menuhin gesagt – ohne Wieniawski könne man keinen Geiger zum Künstler erziehen. Er weiß selbst, was er sagt, denn schon 1930, als 16-Jähriger, spielte er mit der *Scherzo-Tarantella* ein erstes Werk des Komponisten ein.

Zu den ältesten Aufnahmen von Wieniawski-Werken zählen Einspielungen seiner Schüler Karl Gregorowitsch (1909) und Eugène Ysaÿe (um 1910), aber auch durch Paul Viardot (um 1910), Pablo Sarasate (1904–1908), Bernhard Dessau (um 1910) oder durch den polnischstämmigen amerikanischen Geiger Richard R. Czerwonki (1916).

Wieniawskis Kompositionen sind von vielen Größen des Violinspiels aufgenommen worden: Jan Kubelik, Bronisław Huberman, Vaša Přihoda, Jascha Heifetz und Mischa Elman. Sehr häufig gingen auch Ruggiero Ricci, Leonid Kogan, Alfredo Campali, Nathan Milstein und Itzhak Perlman mit Wieniawski-Werken ins Aufnahmestudio. Perlman hat Wieniawski mit seiner Aufnahme beider Konzerte geehrt, die am 1. und 2. November 1971 in den berühmten Abbey Road Studios unter Beteiligung des London Philharmonic Orchestra unter Seiji Ozawa stattfand. Zutreffend hebt der Verfasser des der Platte beigefügten Textes, der Geiger und Chirurg Jean-Michel Molkhou, hervor:

> Henryk Wieniawski war nicht nur einer der bedeutendsten Geiger des 19. Jahrhunderts, sondern auch der erste der »modernen« Virtuosen, die ihr Repertoire nicht nur auf die eigenen Werke beschränkten, sondern ihre Zuhörer auch mit der Musik von großen Meistern wie Bach oder Beethoven vertraut machten.[3]

---

2 La Revue et gazette musicale de Paris 4.4.1880, S. 111.
3 Jean-Michel Molkhou: Wieniawski. Violin Concertos [Text im Beiheft zur CD Wieniawski: Two Violin Concertos, Warner Classics 0825646 1 30337].

Abb. 17: Titelseite des Programmhefts für den ersten Wieniawski-Wettbewerb 1935 in Warschau (Polona)

Seine Musik würde nicht immer wieder aufgeführt und eingespielt und sein Werk nicht gepflegt werden und lebendig sein, gäbe es nicht den internationalen Violinwettbewerb seines Namens, der älteste Violinwettbewerb der Welt. Gegründet wurde er von einem Neffen des Komponisten, Adam Wieniawski, der lange Direktor der Warschauer Musikgesellschaft war. Nach dem Vorbild der seit 1927 stattfindenden

Chopin-Wettbewerbe begründete er 1935 den alle fünf Jahre stattfindenden Wettstreit junger Geiger. Die erste Auflage, die vom 3. bis 16. März 1935 in Warschau stattfand, gewann die Französin Ginette Neveu (die 1949 bei einem Flugzeugunglück ums Leben kam). Auf den weiteren Plätzen landeten der Russe David Oistrach und der Engländer Henry Temianka, und zu den Preisträgern gehörten auch polnische Geiger: die sechsjährige Ida Haendel (7. Platz) sowie Bronisław Gimpel (9. Platz). Ein Ehrendiplom erhielt Grażyna Bacewicz. Der zweite Wettbewerb fand erst 1952 in Posen statt, wohin er aus dem kriegszerstörten Warschau verlegt worden war. Gewinner war David Oistrachs Sohn Igor, gefolgt von Wanda Wiłkomirska. Zu späteren Siegern gehörten unter anderem Wadim Brodski (1977), Bartłomiej Nizioł und Piotr Pławner (1991), Agata Szymczewska (2006), Soyoung Yoon (2011) und Veriko Tschumburidze (2016). Unter den Preisträgern befanden sich so bekannte Musiker wie Krzysztof Jakowicz (1962), Kaja Danczowska (1967) oder Bomsori Kim (2016). Seit 1957 findet, ebenfalls alle fünf Jahre, der Internationale Henryk-Wieniawski-Geigenbauer-Wettbewerb statt. Beide Wettbewerbe werden von der 1960 gegründeten Henryk-Wieniawski-Musikgesellschaft (Towarzystwo Muzyczne im. Henryka Wieniawskiego) in Posen organisiert, deren Wurzeln bis ins Jahr 1885 zurückreichen und die auch Konzerte veranstaltet, wissenschaftlich und verlegerisch tätig ist. In Lublin gibt es seit 1898 ebenfalls eine Henryk-Wieniawski-Musikgesellschaft, die seit 1979 den Internationalen Karol-Lipiński- und Henryk-Wieniawski-Violinwettbewerb veranstaltet.

Kann man heute ein berühmter Geiger, eine berühmte Geigerin sein, ohne Wieniawskis Werke im Programm zu haben? Natürlich, schließlich gibt es auch Pianisten, die prinzipiell keine Werke Bachs oder Chopins spielen, obschon auch diese manchmal ihre Prinzipien über Bord werfen. Für Bomsori Kim war Wieniawski seit vielen Jahren ein Lieblingskomponist, doch hatte sie lange Angst davor gehabt, seine Werke zu spielen – aus Respekt. Wie sie in einem Gespräch mit THE STRAD erklärte:

»Ich hatte immer gedacht, dass ich nicht ausreichend gut bin, um ihn zu spielen.« Mit der Zeit kam ein neues Verständnis der Werte Wieniawskis und damit die Überzeugung, dass seine Kunst tiefer reicht als bei einem virtuosen Showman. »In Wirklichkeit wollte er

Abb. 18: Die Jury des Wieniawski-Wettbewerbs 1935 diskutiert über die Vergaben der Preise (Narodowe Archiwum Cyfrowe, Signatur 1-M-614-7)

nicht glänzen. Das ist viel tiefer. Seine Musik ist ein wahrer Gesang aus der Tiefe des Herzens. Jetzt verstehe ich ihn besser, ich muss nicht mehr so viel Angst davor haben, ihn zu spielen.«[4]

Der nicht nachlassende Erfolg des Wieniawski-Wettbewerbs und die nicht enden wollende Bewunderung für seine Musik zeigen, dass es nicht

4 THE STRAD 26.5.2021, www.thestrad.com/featured-stories/bomsori-i-always-thought-i-am-just-not-brilliant-enough-forwieniawski/12988.article [Zugriff: 20.6.2022].

an jungen Geigern fehlt, die bereit sind, sich mit den technischen Herausforderungen des *Violinkonzerts fis-Moll*, der Brillanz der Miniaturen oder der Sanglichkeit des *Violinkonzerts d-Moll* zu messen. Denn jeder Geiger, der etwas auf sich hält, sollte Wieniawski zumindest kennenlernen. Was sich daraus ergibt, das zeigt sich jeweils erst später.

Werk und Leben: Kalendarium

1835 Am 10. Juli kommt Henryk Wieniawski in Lublin als Sohn des Arztes Tadeusz Wieniawski und von Regina, geb. Wolff, zur Welt. Die Kindheit verbringt er in Lublin.

1837 Die Taufurkunde Henryks wird ausgestellt.
Am 23. Mai kommen die beiden Zwillingsbrüder Józef (Pianist und Konzertpartner) und Aleksander (Sänger und Beamter) zur Welt.

1843 Henryk spielt in Warschau vor dem deutschen Violinvirtuosen Heinrich Panofka.
Der Junge wird als Schüler vom Conservatoire de Paris angenommen.

1844 Beteiligung an einem ersten öffentlichen Konzert in Paris.
Wieniawski besucht die Geigenklasse von Lambert-Joseph Massart.

1846 Als jüngster Schüler in der Geschichte des Konservatoriums erhält er den Premier Prix beim Wettbewerbsexamen und beendet den Besuch der Geigenklasse.

1847 Józef beginnt ein Klavierstudium am Pariser Konservatorium.
Henryk komponiert *Grand Caprice fantastique* op. 1.

1848 Es entstehen *Allegro de Sonate* op. 2, *Rondo russe*, *Variationen über das Lied »Jechał Kozak zza Dunaju«* (verschollen).
Henryk beteiligt sich an einem Konzert in der Pariser Salle Sax, wo er mit seinem Bruder Józef und seinem Onkel Edward Wolff spielt. Mit diesem Auftritt verabschiedet er sich vor seiner Reise nach Russland von Paris.
Nach einem zweimonatigen Aufenthalt in Sankt Petersburg, wo er eine Reihe von Konzerten gibt, bricht er zu seiner erste Tournee auf. Er besucht Helsinki, Reval (Tallinn), Riga, Dorpat (Tartu), Mitau, aber auch Wilna, wo er Stanisław Moniuszko kennenlernt. Erstmals tritt er auch in Warschau auf.
Während eines Aufenthalts in Dresden erteilt ihm Karol Lipiński Ratschläge.

1849 In Dresden entsteht die erste Fassung der Lipiński gewidmeten *Polonaise D-Dur* op. 4.
In Weimar spielt Henryk Wienawski in Gegenwart von Franz Liszt.

Werk und Leben: Kalendarium

> Er kehrt nach Paris zurück und ergänzt seine Studien in Harmonielehre bei Hippolyte Collet. Auch sein Bruder Józef nimmt weiter Unterricht. In Paris beginnen die beiden Brüder mit dem gemeinsamen Konzertieren.

1850 Henryk und Józef verlassen nach den bestandenen Examina Frankreich.
Hector Berlioz verabschiedet den Geiger mit einem Zeitungsartikel.
Auftritt in Warschau vor Zarin Alexandra.
Konzerte im Warschauer Teatr Wielki.

1851 Es entsteht eine Reihe von Werken, u. a. *Kujawiak, Grand Duo concertant* über die russische Hymne sowie *Souvenir de Wilno* (verschollen).
Die Brüder beginnen eine große, zweijährige Tournee durch das Russische Imperium mit fast 200 Konzerten. Auftritte u. a. in Kijyw, Sankt Petersburg, Wilna, Mitau, Helsinki, Moskau, Odessa, Warschau und Penza.

1852 Es entstehen u. a. *Polonaise brillante* op. 4, *Souvenir de Moscou* op. 6, *Capriccio-Valse* op. 7, *Grand Duo polonais* op. 8, *Romance sans paroles et Rondo élégant* op. 9 sowie *Le Carnaval russe* op. 11.
Die Brüder konzertieren u. a. in Saratow, Charkiw, Dorpat, Jelisawetgrad, Poltawa, Tula, Twer, Symbirsk, Wladimir, Orla, Kazan und Tambow.
Sie halten sich auch in Wilna auf und beenden die Konzertreise in Kijyw.

1853 Es entstehen *L'École moderne. Études-Caprices* für Violine solo op. 10, *Deux Mazurkas de salon* op. 12 sowie das *1. Violinkonzert fis-Moll* op. 14 (gewidmet dem preußischen König Friedrich Wilhelm IV.).
Nach Erholung in Lublin zweite Tournee der beiden Brüder. Auftritte in Warschau, Wien, Krakau. Drei Monate Aufenthalt in Weimar, wo sie Liszt aufsuchen, dann Konzerte in Moskau. Im Sommer gemeinsame Konzerte in böhmischen, deutschen und belgischen Kurorten – was Henryk Wieniawski viele Jahre lang so machen wird. Im Saal des Leipziger Gewandhauses führt er sein *Konzert fis-Moll* auf. Anschließend Konzerte in Bayern.

1854 *Chanson polonaise* »Rozumiem« für Singstimme und Klavier, *Souvenir de Posen. Mazurka caractéristique* op. 3.
Die Brüder spielen in Berlin. Nach Auftritten in West- und Ostpreußen machen sie Station in Posen, anschließend konzertieren sie u. a. in Leipzig, München, Frankfurt am Main und Köln.
Im Dezember kommen sie auf Einladung von François-Joseph Fétis nach Brüssel.

1855 Es entstehen *Rêverie* für Viola und Klavier sowie *Scherzo-Tarantelle* op. 16.
Henryk tritt – ohne Bruder – in München, Leipzig, Bremen, Köln und anderen Städten auf.

Werk und Leben: Kalendarium

1856   Konzerte in Belgien, dann Tournee durch die Niederlande mit begeistertem Empfang. Verleihung des Kavalierskreuzes der Eichenkrone durch König Wilhelm III. Büste Wieniawskis von Eugène Lacomblé.

1857   Konzerte in den Niederlanden, erster Auftritt in Lemberg.
Wohltätigkeitskonzert mit der Chopin-Schülerin Marcelina Czartoryska im Saal des Posener Hotels »Bazar«, anschließend Südfrankreich – Bordeaux und Marseilles.
Tournee mit dem Kontrabassisten Giovanni Bottesini und der Sängerin Claudia Fiorentini durch europäische Städte, teils auch mit Józef Wieniawski.

1858   Konzerte in Paris mit Anton Rubinstein. Im Sommer in Wiesbaden Verleihung des Offizierskreuzes der Eichenkrone.
Englandreise. Im November Konzertreihe im Londoner Royal Lyceum Theatre.

1859   Beginn einer Konzertreihe mit Kammermusik (Monday Popular Concerts), Zusammenarbeit mit der Beethoven Quartet Society.
Durch Vermittlung Anton Rubinsteins lernt er in London seine künftige Frau Isabelle Bessie Hampton kennen, die Nichte des irischen Komponisten George Alexander Osborne.
In London Uraufführung der berühmten *Legende* op. 17, die seiner Verlobten gewidmet ist.

1860   *Deux Mazurkas caractéristiques* op. 19 sowie *Romance d'Antoine Rubinstein*.
Im Gegenzug widmet Rubinstein Wieniawski sein *Violinkonzert*.
Wieniawski wird Solist der Theater des Zaren in Sankt Petersburg.
Im Mai Konzerte in Wilna, im Juni in Warschau.
8. August – in Paris heiratet er Isabelle.

1861   Betätigung in der Russischen Musikgesellschaft, Auftritte als Primgeiger in einem Streichquartett. Im Urlaub reist er mit Nikolai Rubinstein nach London, wo sie u. a. bei den Monday Popular Concerts spielen.

1862   *Études-Caprices* für zwei Geigen op. 18, erste Fassung des *2. Violinkonzerts d-Moll* op. 22.
Wieniawski wird Professor der Geigenklasse am Sankt Petersburger Konservatorium.
Uraufführung des Pablo Sarasate gewidmeten *2. Violinkonzerts d-Moll*.

1863   Konzerte u. a. in den Niederlanden und in Schweden.

1864   Wieder ein arbeitsreicher Urlaub – im Mai und Juni Auftritte in London.

1865	*Fantaisie brillante sur »Faust«*, op. 20. Im Sommer Auftritte bei den Promenade Concerts in Covent Garden.
1866	Tournee durch Rumänien und Konzertreihe in London. Gegen Jahresende beendet er seine Unterrichtstätigkeit am Sankt Petersburger Konservatorium.
1867	Während Konzerten in den skandinavischen Ländern erhält er den Schwedischen Wasa-Orden, wird Mitglied der Stockholmer Akademie der Schönen Künste und bekommt den dänischen Dannebrog-Orden 1. Klasse. In Christiania (heute Oslo) trifft er den 57 Jahre alten norwegischen Geigenvirtuosen Ole Bull.
1868	Auftritt als Dirigent bei einem Konzert in Sankt Petersburg. Das Violinsolo seines Konzerts führt Wassili Besekirski auf.
1869	Konzert im Palast des Sultans in Istanbul.
1870	*Deuxième polonaise brillante* op. 21. Im Mai Konzerte in Warschau, später in Skandinavien.
1871	Auftritte im Baltikum und in Russland.
1872	Rücktritt von seinen Ämtern am Zarenhof. Nach zwölf Jahren verlässt Wieniawski Sankt Petersburg. Er und Anton Rubinstein unterzeichnen einen Vertrag für eine achtmonatige Tournee durch Nordamerika und nach Kuba. Die Tournee beginnt in New York.
1873	Nach Rubinsteins Rückkehr nach Europa setzt Wieniawski die amerikanische Tournee fort. Besonders begeisterter Empfang in San Francisco. Hier entsteht eine englische Broschüre über den Komponisten. Der Komponist widmet der Stadt das *Souvenir de San Francisco* (verschollen).
1874	Ende der amerikanischen Tournee mit einem Konzert in Havanna. Auf Einladung des niederländischen Königs Wilhelm III. Aufenthalt in dessen Sommerresidenz, wo er mit dem Orden des Goldenen Löwen ausgezeichnet wird. Übernimmt eine Violinklasse am Konservatorium in Brüssel.
1875	Von Januar bis März Konzerte in Paris, im Herbst in England, Deutschland und in den Niederlanden. Erhält von Zar Alexander II. den St. Annen-Orden.
1876	*Gigue* op. 23, *Fantaisie orientale* op. 24 (gewidmet Jenő Hubay). Erneut intensive Konzerttätigkeit – im Januar in Warschau, dann in

deutschen und niederländischen Städten, in Paris, im Herbst u. a. in London, Leipzig und Wien.
Für seine Verdienste um Belgien erhält er den Leopold-Orden.

1877 Wieder sehr viele Konzertreisen bei sich langsam verschlechternder Gesundheit: Österreich-Ungarn (darunter auch Lemberg und Krakau), Skandinavien (neun Konzerte in Stockholm), Russland, Schweiz, Deutschland.
Im September beendet er seine Unterrichtstätigkeit am Brüsseler Konservatorium.

1878 *3. Violinkonzert a-Moll* (verschollen).
Im Januar Reise durch die Niederlande, Auftritt mit Camille Saint-Saëns in Schwerin, dann zweimal in London, gegen Jahresende u. a. Berlin, Posen, Thorn und Danzig.

1879 Trotz gesundheitlicher Probleme bricht er zu einer langen Tournee nach Russland auf.
Am 16. Mai wird Henryks Tochter Irène geboren, die unter dem Pseudonym Poldowski auch komponierte.

1880 Freunde organisieren in Sankt Petersburg und Moskau karitative Konzerte für Wieniawski.
Ab Februar wird er im Moskauer Palais von Nadeschda von Meck gepflegt.
Am 31. März stirbt Henryk Wieniawski an seiner Herzkrankheit.
Mit einer Trauermesse in der französischen Kirche verabschiedet sich Moskau von Wieniawski.
Am 7. April finden in der Warschauer Heilig-Kreuz-Kirche die Beisetzungsfeierlichkeiten statt. Auf dem Weg zum Powązki-Friedhof begleitet eine 40 000 Menschen zählenden Menge den Sarg.

Ausgewählte Werke

Kukawiak a-Moll für Violine und Klavier (1851)
Polonaise brillante D-dur für Violine und Klavier op. 4 (1852)
Capriccio-Valse für Violine und Klavier op. 7 (1852)
Grand Duo polonais für Violine und Klavier op. 8
   (gemeinsam mit Józef Wieniawski, 1852)
Le Carnaval russe für Violine und Klavier op. 11 (1852)
Souvenir de Moscou für Violine und Klavier op. 6 (1852)
1. Konzert für Violine und Orchester fis-Moll op. 14 (1853)
L'École moderne. Études-Caprices für Violine solo op. 10 (1854)
Rêverie für Viola und Klavier (1855)
Scherzo-Tarantelle für Violine und Klavier op. 16 (1855)
Légende für Violine und Klavier op. 18 (1859)
Deux Mazurkas caractéristiques für Violine und Klavier op. 19
   (Nr. 1 *Obertas*, Nr. 2 *Dudziarz*, 1860)
Études-Caprices op. 18 für zwei Violinen (1862)
Fantaisie brillante sur »Faust« für Violine und Klavier op. 20 (1865)
Deuxième polonaise brillante A-Dur für Violine und Klavier op. 21 (1870)
2. Konzert für Violine und Orchester d-Moll op. 22 (1870)
Fantaisie orientale für Violine und Klavier op. 24 (1876)

Weiterführende Literatur

Dułęba, Władysław: Wieniawski. His Life and Times, New Jersey 1984.

Grabkowski, Edmund: Henryk Wieniawski, Warszawa 1985 (englische Ausgabe 1986).

Grigoriew, Władimir: Henryk Wieniawski. Życie i twórczość. Aus dem Russischen von Iwona Winiarska, Warszawa und Poznań 1986.

Jabłoński, Maciej (Hrsg.): Henryk Wieniawski. Composer and Virtuoso in the Musical Culture of the XIX and XX Centuries, Poznań 2001. *Sammelband mit zahlreichen deutsch- und englischsprachigen Aufsätzen zu Wieniawski.*

Jabłoński, Maciej (Hrsg.): Henryk Wieniawski (1835–1880) and the 19th Century Violin Schools. Techniques of playing, performance, questions of sources and editorial issues, Poznań 2006.

Jabłoński, Maciej; Jasińska, Danuta (Hrsg.): Henryk Wieniawski and the Bravura Tradition, Poznań 2011.

Jazdon, Andrzej: Henryk Wieniawski. Katalog tematyczny dzieł / Henryk Wieniawski. Thematic catalogue of works, Poznań 2009 [Teil der Gesamtausgabe: Henryk Wieniawski, Dzieła Wszystkie / Complete Works. Seria B].

Reiss, Józef: Wieniawski, Kraków 1985.

Robin Stowell: Henryk Wieniawski: »the true successor« of Nicolò Paganini? A comparative assessment of the two virtuosos with particular reference to their caprices. In: Bacciagaluppi, Claudio; Brotbeck, Roman; Gerhard, Anselm (Hrsg.): Spielpraxis der Saiteninstrumente in der Romantik: Bericht des Symposiums in Bern, 18.–19. November 2006. Schliengen 2011, S. 70–90.

Suchowiejko, Renata: Henryk Wieniawski – wirtuoz w świetle XIX-wiecznej prasy, Poznań 2011.

Suchowiejko, Renata: Henryk Wieniawski (1835–1880) – kompozytor na tle wirtuozowskiej tradycji skrzypcowej XIX wieku, Poznań 2005.

Suchowiejko, Renata: Henryk Wieniawski in Deutschland. Konzerte – Repertoire – Rezeption. In: Stefan Keym, Stephan Wünsche (Hrsg.): Musikgeschichte zwischen Ost und West: von der ›musica sacra‹ bis zur Kunstreligion. Festschrift für Helmut Loos zum 65. Geburtstag. Leipzig 2015, S. 599–612.

Weiterführende Internetseiten

www.wieniawski.pl – Diese Seite wird von der Henryk-Wieniawski-Musikgesellschaft in Posen (Towarzystwo Muzyczne im. Henryka Wieniawskiego w Poznaniu) betrieben und enthält auch auf Englisch zahlreiche Informationen über den Komponisten und den nach ihm benannten Wettbewerb.

https://portalmuzykipolskiej.pl/en/osoba/7531-henryk-wieniawski – Ausführliche Informationen zu Leben und Werk des Komponisten in englischer Sprache.

Personenverzeichnis

Abdulaziz (Sultan) 81
Agricola, Martin 121
Alard, Jean-Delphin 12, 75
Alexandra Fjodorowna, Zarin von Russland 26
Aleksejew-Boretzki, Andrej 73
Alkan, Charles-Valentin 19
Arditi, Luigi 85
Artôt, Alexandre 33, 39
Artôt, Désirée 99, 106
Auber, Daniel-François-Esprit 12, 17
Auer, Leopold 1, 71, 74, 82, 100, 109, 111

Bacewicz, Grażyna 128
Bach, Johann Sebastian 48, 94, 102, 104, 126, 128
Baillot, Pierre 3, 7, 8, 11, 12, 36
Balakirew, Mili 72
Barcewicz, Stanisław 112
Beethoven, Ludwig van 48, 55, 57, 75, 77, 94, 95, 101, 104, 105, 126
Bell, Joshua 120
Benedetti, Nicola 119
Berg, Graf Fjodor 84
Bériot, Charles-Auguste de 15, 20, 25, 27
Berlioz, Hector 11, 17, 23, 58, 63, 75, 79
Besekirski, Wassili 79, 84
Bessel, Wassili 69, 71
Blum Gomez, Conchicia 90
Bobrowski, Wincenty 35

Bohrer, Zofia 33
Boito, Arrigo 75
Bortnianski, Dmitri 101
Bottesini, Giovanni 35, 51, 85, 90, 99
Brahms, Johannes 100
Brassin, Louis 94, 99, 109
Brodski, Wadim 128
Brüll, Ignaz 100
Bull, Ole 21, 30, 33, 78, 85, 88

Campali, Alfredo 126
Carmignola, Giuliano 119
Cavaillé-Colla, Aristide 101
Champenois, Eugène 17
Chappell, Arthur 57
Chappell, Thomas 57
Cher 29
Cherubini, Luigi 12
Christian IX., König von Dänemark 75
Chopin, Fryderyk 2, 5, 11, 35, 36, 46, 48, 55, 53, 72, 125, 128
Clavel, Joseph 13
Collet, Hippolyte 22
Corelli, Arcangelo 15
Corigliano, John 120
Cui, César 72
Czapska, Michalina 47
Czartoryska, Marcelina 55
Czechówna, Aleksandra 40
Czerwonki, Richard R. 126

Personenverzeichnis

Dancla, Charles 36, 75
Danczowska, Kaja 128
Dargomyschski, Alexander 101
David, Ferdinand 35, 43, 48
Dawidow, Karl 69, 70, 94, 109
De Sève, Alfred 15
Desfossez, Alexandre 49
Dessau, Benhard 126
Dickinson, Emily 85
Dobrucki, Mateusz 121
Doni, Giovanni Battista 119
Donizetti, Gaétano 11
Dostojewski, Fjodor 61, 66
Drinker Bowen, Catherine
Dziadek, Magdalena 73, 125

Eichhorn, Johann Gottfried Ernst 25
Eichhorn, Johann Karl Eduard 25
Ejsmond, Julian 117
Ejsmond, Stanisław 117
Ella, John 57
Elman, Mischa 126
Engel, Hans 2
Ernst, Heinrich Wilhelm 26, 30, 32, 36, 43, 48, 55, 57, 77, 97

Faust, Isabelle 119
Feder, Ewa 7
Feldau, Robert 106, 107
Fétis, François-Joseph 15, 48
Fiorentini, Claudia 51
Fischer, Julia 119
Fleming, Antoni 7, 8
Frankowski, Patryk 122
Frieman, Gustaw 125

Galkin, Nikolai 93
Gand, Charles-Adolphe 122
Gand, Charles-François 122

Geisler, Helene 103
Gerke, Anton 21
Gevaert, François-Auguste 91, 92, 98
Gimpel, Bronisław 128
Girard, François 120
Glinka, Michail 101
Goddard, Arabella 77
Goebelt, Józef 83
Goethe, Johann Wolfgang von 75
Gounod, Charles 75
Grau, Maurice 86
Gregorowitsch, Karl 93, 126
Grieg, Edvard 97
Grigorjew, Wladimir 26, 56, 73
Gringolts, Ilya 119
Grisi, Giulia 65
Groblicz, Marcin 121
Grossman, Ludwik 112
Groza, Aleksander 29
Grubert, Ilya 123
Guadagnini, Giovanni Battista 122
Guarneri del Gesù, Giuseppe 122
Guarnieri, Pietro 122
Gulowsen, Lona (Baronin Gyldenkrone) 102–104

Habeneck, François-Antoine 12, 18, 25
Haendel, Ida 128
Hahn, Hilary 119
Halévy, Jacques Fromental 12
Hallé, Charles 77
Hampton, Isabelle Bessie → Wieniawska, Isabelle
Hampton, Sir Thomas 58
Haslinger, Tobias 9
Hauser, Miska 7
Haydn, Joseph 8, 13, 56, 57
Heifetz, Jascha 126
Heimendahl, Werner Edward 93

Heine, Heinrich 11
Helena Pawlowna, Großfürstin von Russland 22, 63, 73, 79
Helman, Gitla 5
Helman, Herszek 5
Helman, Wolf → Wieniawski, Tadeusz
Hilf, Arno 105
Hornziel, Jan 8
Hřímalý, Jan 105
Hubay, Jenő 97, 123
Huberman, Bronisław 120

Jaëll, Alfred 99
Jakowicz, Krzysztof 128
Janiewicz, Feliks 56
Jansen, Janie 119
Jesipowa, Anetta 94
Joachim, Joseph 8, 43, 49, 57, 77, 78, 94, 97, 102, 112
John, Elton 29
Jullien, Louis-Antoine 56
Jürgenson, Peter 105, 109

Katz, Eberfeld 93
Kavakos, Leonidas 119
Każyński, Wiktor 20
Kątski, Apolinary 22, 25, 26–28, 30, 32, 34
Kes, Willem 93
Kim, Bomsori 128
Kleczyński, Jan 83
Kogan, Leonid 126
Konstantin, Großfürst von Russland 100
Kopatchinskaja, Patricia 119
Korzuchowska, Konstancja 47
Kozłowski, Józef 61
Kreisler, Fritz 15, 16, 71

Kreutzer, Rodolphe 8, 11, 13, 15, 16
Kubelik, Jan 126
Kusiak, Jerzy 48

Lacomblé, Eugène
Ladow, Konstantin 66
Lady Gaga 29
Lafont, Charles Philippe 25, 33
Laroche, Herman 105
le Couppey, Félix 22
Leopold II., König der Belgier 98
Leszetycka, Anna 77
Leszetycki, Teodor 65, 69, 94
Lewinson, Osip 104
Lichtenberg, Leopold 93
Liebhardt, Louise 87
Lincoln, Abraham 85
Lind, Jenny 85
Lipiński, Karol 8, 21 22, 29, 30, 32, 33, 36, 39, 40, 43, 48, 55
Liszt, Franz 2, 11, 13, 19, 22, 40, 43, 75, 94, 97, 116
Lorens, Jean 13
Loring, Joseph Holland 116
Lotto, Izydor 15
Lucca, Pauline 89
Ludwig XIII., König von Frankreich 11
Ludwig XIV., König von Frankreich 11
Lully, Jean-Baptiste 11
Lwow, Fürst Alexej 20, 23

Łada, Kazimierz 26, 34

Maikow, Apollon 66
Malibran, Maria 30
Mansen, Fanny 34
Mario, Giuseppe 65

143

Marmontel, Antoine-François 19
Marx, Adolf Bernhard 116
Massart, Lambert-Joseph 13, 15–18, 36, 49, 78
Maurensig, Paolo 119
Max, Herzog von Bayern 44
Meck, Nadeschda von 109, 111
Mendelssohn-Bartholdy, Felix 39, 43, 48, 57, 78, 87, 99, 102, 103
Menuhin, Yehudi 126
Meyerbeer, Giacomo 11
Michail Pawlowitsch, Großfürst von Russland 22
Mickiewicz, Adam 11, 19, 61
Milanollo, Maria 25
Milanollo, Teresa 25, 39
Milstein, Nathan 126
Minasowicz, Józef Dionizy 47
Minkus, Léon 67
Modrzejewska, Helena 64, 83
Molkhou, Jean-Michel 126
Moniuszko, Stanisław 21, 27, 32–34, 64, 72, 83
Mozart, Leopold 25
Mozart, Maria Anna (Nannerl) 25
Mozart, Wolfgang Amadeus 8, 25, 56, 81, 111
Mutter, Anne-Sophie 119

Neruda, Amalie 25, 31
Neruda, Wilma 25, 26, 31
Neveu, Ginette 128
Nidecki, Tomasz Napoleon 112
Niemojowska, Joanna 46
Nikisch, Arthur 41, 96
Nikolaus I., Zar von Russland 36
Nilsson, Christina 96
Nizioł, Bartłomiej 122, 128

Odojewski, Wladimir 66
Oistrach, David 128
Oistrach, Igor 128
Ondříček, František 15, 125
Ormeni-Jakobovits, Louise 87
Osborne, George Alexander 58
Ostrowski, Alexander 66
Ozawa, Seiji 126

Pachulski, Władysław 110
Padilla, Mariano 99
Paganini, Niccolò 8, 11, 15, 21, 22, 30, 35, 36, 39, 48, 49, 51, 52, 55, 56, 62, 85, 88, 111
Panofke, Heinrich 9
Panow, Dmitri 71
Papini, Guido 51
Parys, Antoni 9
Patti, Adelina 85
Paul, Sir Aubrey Edward Henry Dean 116
Perlman, Itzhak 126
Piatti, Alfredo 57, 60, 77
Pickel, Johann Wilhelm 69, 109
Pielaszek, Piotr 120
Piliński, Adam 6
Pławner, Piotr 128
Přihoda, Váša 126
Puchalski, Grzegorz 7
Pugni, Cesare 67
Puschylow, Konstantin 71

Raab, Johann 69
Reeves, Sims 77
Reiss, Józef 7, 27
Rellstab, Ludwig 45
Rembieliński, Ludwik 87
Reuter, Florizel von 125
Reynier, Léon 13, 15

Ricci, Ruggiero 126
Rode, Pierre 8, 11, 18
Rossini, Gioacchino 11, 48, 64
Rubinstein, Anton 1, 31, 32, 55, 57, 60, 64, 65, 69, 70, 72, 73, 75, 37-89, 100, 101
Rubinstein, Nikolai 65, 77, 82, 95, 101, 103, 104, 109, 111

Saint-Saëns, Camille 97, 100
Salin, Wassili 71
Salomon, Johann Peter 56
Saltykow-Schtschedrin, Michail 66
Sarasate, Pablo de 12, 72, 75, 96, 100, 112, 126
Sauret, Émile 125
Schnitzler, Izydor 93
Schön, Clemens 104
Schubert, Franz 75
Schuberth, Karl 69
Schumann, Robert 22, 43, 57
Senkrah, Arma 93
Serow, Alexander 61, 101
Servais, Adrien François 33
Serwaczyński, Stanisław 8
Siemiradzki, Henryk 61
Sikorski, Józef 27, 63
Silvori, Camillo 51
Smith, Paul 55
Smithson, Harriet 63
Spohr, Louis 8, 57, 78
Springsteen, Bruce 29
Stainer, Jakob 119
Steinway, William 87
Strauß, Johann 112
Suchodolski, Franciszek Graf 7
Suchowiejko, Renata 37
Szymanowska, Maria 19, 61
Szymanowski, Karol 116

Szymczewska, Agata 128
Ševčík, Otakar 125

Tartini, Giuseppe 15, 21
Temianka, Henry 128
Terajewitsch, Alexander 69
Thalberg, Sigismund 27
Todd, Mary 85
Troschel, Wilhelm 112
Tschaikowsky, Pjotr Iljitsch 69, 72, 101, 105, 109, 110
Tschumburidze, Veriko 128
Tua, Teresina 15
Turgenjew, Iwan 66
Turner, Tina 29
Turno, Ludwika 47

Ullman, Bernard 52, 86, 99

Van Hall, François 82
Verdi, Giuseppe 86
Verlaine, Paul 116
Viardot, Paul 126
Vietinghoff-Scheel, Baron Boris 66
Vieuxtemps, Henri 19, 28, 32, 33, 35, 43, 48, 51, 62, 64, 71, 75, 82, 86, 88, 91, 92, 95, 102
Viotti, Giovanni Battista 11, 15, 17, 20, 55, 93

Wagner, Richard 72, 75
Walicki, Aleksander 27, 33, 34
Warlamow, Alesander 35
Wawrowski, Janusz 120
Weickmann, Hieronimus 69, 109
Werstowski, Alexei 34, 35
Wieck, Clara 19
Wielhorski, Graf Mateusz 23, 66
Wieniawska, Ewelina 116

145

Personenverzeichnis

Wieniawska, Henriette Claudine 116
Wieniawska, Irène Régine (Poldowski) 116
Wieniawska, Isabelle (Izabela) 58–60, 63-65, 115
Wieniawska, Izabela Helena 116
Wieniawska, Regina 5, 7, 9, 19, 31
Wieniawski, Adam 6, 127
Wieniawski, Adam Tadeusz 117
Wieniawski, Aleksander 6, 117
Wieniawski, Józef (Bruder) 6, 7, 9, 18, 19, 22, 31, 40, 43, 51, 55, 81, 83, 109, 116, 117
Wieniawski, Józef (Sohn) 77
Wieniawski, Juliusz Józef 77, 116
Wieniawski, Julian 7, 9, 12, 17, 82, 84, 117
Wieniawski, Kajetan 6
Wieniawski, Konrad 6
Wieniawski, Tadeusz (Helman, Wolf) 5
Wieniawski, Tadeusz Józef 7, 12, 19
Wilhelm I., König von Preußen 82
Wilhelm III., König der Niederlande 35, 53, 92
Willemotte, Charles 122
Wiłkomirska, Wanda 128
Wolff, Bolesław Maurycy 6, 66
Wolff, Edward 5, 9, 12, 13, 19
Wolff, Eleonora 5
Wolff, Józef 5

Yoon, Soyoung 128
Ysaÿe, Antoine 93
Ysaÿe, Eugène 93, 126

Zimmermann, Pierre-Joseph 19

Żeleński, Władysław 94